캡스톤
디자인

Workbook

현장실습형 문제해결

이유태 지음

캡스톤디자인 Workbook 현장실습형 문제해결

발행일 | 2018년 1월 5일 1쇄 발행

저   자 | 이유태
발행인 | 강학경
발행처 | ㈜ 시그마프레스
디자인 | 강경희
편   집 | 김은실

등록번호 | 제10-2642호
주소 | 서울특별시 영등포구 양평로 22길 21 선유도코오롱디지털타워 A401~403호
전자우편 | sigma@spress.co.kr
홈페이지 | http://www.sigmapress.co.kr
전화 | (02)323-4845, (02)2062-5184~8
팩스 | (02)323-4197

ISBN | 979-11-6226-009-8

* 책값은 책 뒤표지에 있습니다.
* 이 도서의 국립중앙도서관 출판예정도서목록(CIP)은 서지정보유통지원시스템
  홈페이지(http://seoji.nl.go.kr)와 국가자료공동목록시스템(http://www.nl.go.
  kr/kolisnet)에서 이용하실 수 있습니다. (CIP제어번호 : CIP2017035072)

교육부와 학술연구재단은 산업계의 인지도가 높은 'LINC' 브랜드를 계속 유지하면서 기존 LINC사업('12~'16)과 신규 추진되는 사회맞춤형학과 지원사업을 LINC+ 사업 내 각 유형으로 구성하여 2017년부터 사업을 추진하게 되었다. 캡스톤디자인 교과목은 사회맞춤형 산학협력 선도(전문)대학(이하 LINC+ : Leaders in INdustry-university(college) Cooperation+) 사업의 일환으로 참여하는 전국의 각 참여 대학에서 전공필수로 정해지면서 2017년부터 전면적으로 확대·실시하게 되었다.

캡스톤디자인은 원래 공학계열 학생들에게 산업현장에서 부딪칠 수 있는 문제들을 해결할 수 있는 능력을 길러주기 위해 졸업 논문 대신 고안되었다. 고학년 학생들이 분야별로 습득한 지식을 바탕으로 산업체 등에서 실제 필요로 하는 제품 등을 학생 스스로 설계·제작·평가하는 전 과정을 경험할 수 있도록 하는 교육 과정을 의미한다. 즉 산업 현장의 수요에 맞는 현장 실무능력과 창의성을 갖춘 기술 인력을 양성하기 위한 프로그램이며, '창의적 종합 실제'라 알 수 있다. 2012년부터 추진된 LINC사업에 특성화 사업의 일환으로 캡스톤디자인 교과목의 실시가 포함되면서 비공학 계열에도 캡스톤디자인 과목이 도입되기 시작했다. 경영 및 인문계·예술계 학생들도 문제 도출부터 해결까지의 과정을 체험하게 하여 창업 및 산업 현장에서 요구되는 창의성, 실무능력, 팀워크 능력, 리더십 등을 양성하는 것을 목표로 한다. 그러나 아직까지는 공대의 개념 및 공대 위주의 샘플로 학교에서 틀이 짜여 있어 인문사회계열에서 진행하기에는 수행 단계의 구성 면에서나 적용할 과제 면에서 옷이 맞지 않는 실정이다.

캡스톤디자인 교과목 대상 업체 선정에 있어서는 대기업보다는 매우 작은 중소기업, 즉 소상공인을 활용함이 합목적적이다. 소상공인은 대체적으로 5~10인 미만의 종사자를 고용하고 있는데 중소기업으로 분류되며, 대부분 개인 혼자서 영업하지만 법인도 있다. 대기업에서는 학생들이 문제의 내용을 파악할 능력이 부족하거나 혹은 충분한 시간이 주어지지 않을 수도 있는 등, 팀별로 브레인스토밍을 하는 데 용이하지 않아 보인다. 이보다는 일손이 필요하고 경영개선(즉 문제해결)이 절실한 생계형 소상공인을 대상으로 현장실습형 캡스톤디자인을 하면 기업과 대학생 그리고 지역사회가 서로 상생하는 체제가 만들어질 수 있다.

이 책에서는 2012년부터 부산시와 (사)한국소점포경영지원협회에서 성공적으로 수행하고 있는 '새가게운동'을 비이공계 캡스톤디자인 수업의 가장 최적의 운영방법으로 예시와 같이 소개한다.

새가게운동은 상생형 프로그램으로 대학생 4~5명 정도가 팀을 이루어 지역의 어려운 소상공인 업체에 일손을 지원하면서 동시에 현장에서 업체의 문제점을 파악하고 아이디어를 발굴하며 해결하는 식으로 업체의 경영개선 및 학생들의 현장실무능력을 배양하고자 한다. 대학생은 생활경제를 체득하고 지닌 전공지식을 동원하여 문제해결 능력을 키우면서 동시에 대상 업체는 대학생 팀들로부터 경영개선 지원을 받는 구조이다. 대학생 팀이 지역 업체와 머리를 맞대고 문제해결을 위하여 같이 고민하고 업체의 개선을 위한 해결책을 내도록 설계되어 있는 새가게운동은 지난 6년간 부울경 400여 소상공인 업체에서 성공적으로 시행되어 왔다. 자발적이고 적극적으로 현장실습형 캡스톤디자인을 신청하는 업체를 확보하면서 학생들의 문제해결 능력도 배양하고 지역사회에 기여할 수 있으므로 LINC+사업의 캡스톤디자인과 새가게운동은 최적의 조합이 된다.

현재 각 대학 별로 캡스톤디자인을 시행하지만 이에 맞는 지침서나 참고 자료가 없는 실정이다. 이에 이 책에 소개된 새가게운동의 서식과 프로세스를 이해하면 각 학교 별로 캡스톤디자인을 응용해서 실시하는 데 문제가 없을 것이다.

새가게운동을 부산시 사업으로 수행하게 한 부산시 관계자들과 경남·울산 지역으로 확대케 하여 부울경을 아우르는 사회운동으로 거듭나게 한 BNK금융지주의 박재경 사장께 감사를 드린다. 아울러 (사)한국소점포지원협회의 박승현 사무국장이 새가게운동을 진행하고 이 책의 서식, 도표 및 그림을 수정하면서 많은 아이디어를 내었다. 이 자리를 빌려 감사의 말씀을 드린다. (사)한국소점포지원협회의 오윤석 이전 사무국장도 새가게운동이 부울경 지역에서 자리 잡도록 애쓴 공로가 크며 이에 감사를 드린다.

이 책이 캡스톤디자인 교재로서 대학생의 문제해결 능력을 향상하여 창·취업에 도움이 되고 어려운 지역 소상공인업체의 경영이 개선되어 우리 사회의 지속 가능성을 제고하는 데 조금이라도 보탬이 되길 기원하면서, 본서의 출판을 맡아주신 (주)시그마프레스에 감사를 드린다.

2017년 12월

이유태

CAPSTONE DESIGN

차례

제 **1** 장

캡스톤디자인의 의의

① 캡스톤디자인 교과목 전면적 실시의 배경

캡스톤디자인 교과목은 사회맞춤형 산학협력 선도(전문)대학(이하 LINC+ : Leaders in INdustry-university(college) Cooperation+) 사업의 일환으로 참여하는 전국의 각 참여 대학에서 전공필수로 정해지면서 2017년부터 전면적으로 확대·실시하게 되었다.

교육부와 학술연구재단은 산업계의 인지도가 높은 'LINC'브랜드를 계속 유지하면서 기존 LINC사업('12~'16)과 신규 추진되는 사회맞춤형학과 지원사업을 LINC+ 사업 내 각 유형으로 구성하여 2017년부터 사업을 추진하게 되었다.[1] LINC+사업은 대학의 산학협력 역량강화를 통하여 지역사회 및 지역산업 혁신을 지원하고, 졸업 후 현장에 가서도 적응력이 높도록 산업의 수요에 맞춘 인재 양성을 위한 대학재정지원 사업으로, 2017년 상반기 선정평가를 거쳐 5개 권역에 일반대학 75개교, 전문대학 59개교 등 총 134개교를 '17년 사업 참여 대학으로 선정하였다.

표 1-1 '17년 사회맞춤형 산학협력 선도(전문)대학(LINC+) 지원현황

구분	일반대(총 75교, 2,383억)		전문대(총 59교, 888억)	
	산학협력 고도화형	사회맞춤형학과 중점형	산학협력 고도화형	사회맞춤형학과 중점형
학교 수	55교	20교	15교	44교
사업예산	2,163억	220억	130억	758억

출처 : 교육부 17. 7. 11. 보도자료

---

1 LINC+ 사업에 참여하는 대학은 두 가지 유형 중 하나에 해당된다.
   -산학협력 고도화형 : 대학 별 건학이념 및 특성을 토대로 다양한 산학협력 모델을 자율적으로 기획하여 지역산업·기업 지원 및 인력양성, 산학연계 교육과정 등을 추진
   -사회맞춤형학과 중점형 : 대학 별로 특성화된 산업분야의 개별 산업체(계)와 연계하여 대학의 교육과정 및 인력양성 역량이 집중될 수 있도록 지원

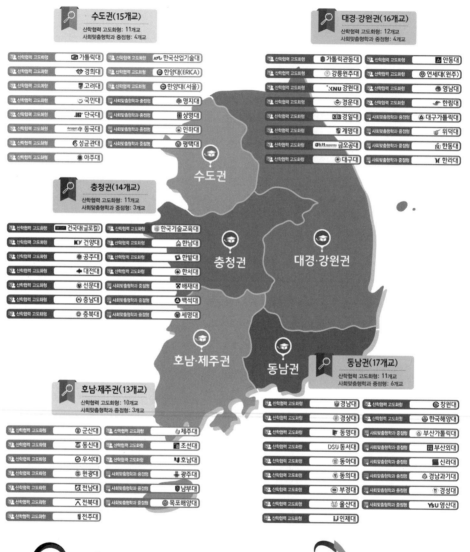

사회맞춤형 산학협력 선도대학(LINC+) 육성사업

수도권(15개교)
산학협력 고도화형: 11개교
사회맞춤형학과 중점형: 4개교

산학협력 고도화형	가톨릭대	산학협력 고도화형	한국산업기술대
산학협력 고도화형	경희대	산학협력 고도화형	한양대(ERICA)
산학협력 고도화형	고려대	산학협력 고도화형	한양대(서울)
산학협력 고도화형	국민대	사회맞춤형학과 중점형	명지대
산학협력 고도화형	단국대	사회맞춤형학과 중점형	상명대
산학협력 고도화형	동국대	사회맞춤형학과 중점형	인하대
산학협력 고도화형	성균관대	사회맞춤형학과 중점형	평택대
산학협력 고도화형	아주대		

대경·강원권(16개교)
산학협력 고도화형: 12개교
사회맞춤형학과 중점형: 4개교

산학협력 고도화형	가톨릭관동대	산학협력 고도화형	안동대
산학협력 고도화형	강릉원주대	산학협력 고도화형	연세대(원주)
산학협력 고도화형	KNU 강원대	산학협력 고도화형	영남대
산학협력 고도화형	경운대	산학협력 고도화형	한림대
산학협력 고도화형	경일대	사회맞춤형학과 중점형	대구가톨릭대
산학협력 고도화형	계명대	사회맞춤형학과 중점형	위덕대
산학협력 고도화형	금오공대	사회맞춤형학과 중점형	안동대
산학협력 고도화형	대구대	사회맞춤형학과 중점형	한라대

충청권(14개교)
산학협력 고도화형: 11개교
사회맞춤형학과 중점형: 3개교

산학협력 고도화형	건국대(글로컬)	산학협력 고도화형	한국기술교육대
산학협력 고도화형	건양대	산학협력 고도화형	한남대
산학협력 고도화형	공주대	산학협력 고도화형	한밭대
산학협력 고도화형	대전대	산학협력 고도화형	한서대
산학협력 고도화형	선문대	사회맞춤형학과 중점형	배재대
산학협력 고도화형	충남대	사회맞춤형학과 중점형	백석대
산학협력 고도화형	충북대	사회맞춤형학과 중점형	세명대

수도권
충청권
대경·강원권
호남·제주권
동남권

호남·제주권(13개교)
산학협력 고도화형: 10개교
사회맞춤형학과 중점형: 3개교

산학협력 고도화형	군산대	산학협력 고도화형	제주대
산학협력 고도화형	동신대	산학협력 고도화형	조선대
산학협력 고도화형	우석대	산학협력 고도화형	호남대
산학협력 고도화형	원광대	사회맞춤형학과 중점형	광주대
산학협력 고도화형	전남대	사회맞춤형학과 중점형	남부대
산학협력 고도화형	전북대	사회맞춤형학과 중점형	목포해양대
산학협력 고도화형	전주대		

동남권(17개교)
산학협력 고도화형: 11개교
사회맞춤형학과 중점형: 6개교

산학협력 고도화형	경남대	산학협력 고도화형	창원대
산학협력 고도화형	경상대	산학협력 고도화형	한국해양대
산학협력 고도화형	동명대	사회맞춤형학과 중점형	부산가톨릭대
산학협력 고도화형	DSU 동서대	사회맞춤형학과 중점형	부산외대
산학협력 고도화형	동아대	사회맞춤형학과 중점형	신라대
산학협력 고도화형	동의대	사회맞춤형학과 중점형	경남과기대
산학협력 고도화형	부경대	사회맞춤형학과 중점형	경성대
산학협력 고도화형	울산대	사회맞춤형학과 중점형	YSU 영산대
산학협력 고도화형	인제대		

교육부

교육부 홈페이지 www.moe.go.kr
교육부 대학정책실 산학협력정책과

NRF National Research Foundation of Korea 한국연구재단

한국연구재단 홈페이지 www.nrf.re.kr
LINC 종합성과관리시스템 http://linc.nrf.re.kr
한국연구재단 산학협력지원실 산학협력지원팀

그림 1-1 사회맞춤형 산학협력 선도대학(LINC+) 육성사업

2 캡스톤디자인의 개념

캡스톤디자인은 원래 공학계열 학생들에게 산업현장에서 부딪칠 수 있는 문제들을 해결할 수 있는 능력을 길러주기 위해 졸업 논문 대신 고안되었다. 캡스톤디자인은 고학년 학생들이 분야별로 습득한 지식을 바탕으로 산업체 등에서 실제 필요로 하는 제품 등을 학생 스스로 설계·제작·평가하는 전 과정을 경험할 수 있게 하는 교육과정을 의미한다. 즉 산업 현장의 수요에 맞는 현장실무능력과 창의성을 갖춘 기술 인력을 양성하기 위한 프로그램인 것이며, '창의적 종합 설계'라고도 불린다.

공학인증제와 산학협력을 통해 비교적 설계 및 제작 교육이 용이한 공과대학의 기계, 전기, 전자공학 관련 학과에 특히 치중되면서 공학교육 프로그램으로 개발되었다. 캡스톤(capstone)의 원 의미는 돌기둥이나 담 위 등 건축물의 정점에 놓인 장식으로 최고의 업적 혹은 성취를 뜻한다.

2012년부터 추진된 LINC사업에 특성화 사업의 일환으로 캡스톤디자인 교과목의 실시가 포함되면서 비공학 계열에도 캡스톤디자인 과목이 도입되기 시작했다. 경영 및 인문계·예술계 학생들도 문제 도출부터 해결까지의 과정을 체험하게 하여 창업 및 산업 현장에서 요구되는 창의성, 실무능력, 팀워크 능력, 리더십 등을 양성하는 것을 목표로 한다. 그러나 아직까지는 공대의 개념 및 공대 위주의 샘플로 학교에서 틀이 짜여 있어 인문사회계열에 진행하기에는 수행단계의 구성 면에서나 적용할 과제 면에서 옷이 맞지 않는 실정이다.

새로운 LINC+사업에서는 캡스톤디자인을 프로젝트 주제에 따라 세 가지로 나눈다. 기업연계형, 사회기여형, 4차산업혁신형이 그것이다(표 1-2). 어느 것이나 기본적으로 학생들이 팀을 이루어 활동하면서 기업체 및 지역사회가 적극적으로 참여하여 같이 문제를 해결하고자 하는 틀 속에서 이루어진다.

표 1-2 캡스톤디자인의 세 가지 유형

주제에 따른 분류	내용	기대 효과
기업연계형	경영 및 제품 개선을 이루고자 하는 기업체가 공동으로 참여하여 기업 성과를 향상시킬 수 있는 프로젝트를 도출하는 것이다.	기업수요를 반영한 프로젝트를 발굴하여 기업의 애로사항을 해결하면서 학생들이 현실 경제를 직시할 수 있도록 하면서 문제해결 능력을 향상하고자 한다.
사회기여형	지역사회 단체 및 비영리기관이 참여하여 학생들과 머리를 맞대고 지역사회의 문제를 발굴하고 해결하고자 한다.	지역 연계 및 지역사회 수요를 반영한 프로젝트를 도출한다. 학생들에게 공동선 의식을 고취시켜 줄 수 있다.
4차산업혁신형	무인운송수단, 3D 프린팅, 첨단 로봇공학, 신소재, 블록체인 등 4차 산업혁명에 기반을 둔 프로젝트를 발굴하고자 한다.	학생들이 융합적 사고 및 문제해결 능력을 갖춰서 시대 변화에 맞춘 인재로 양성될 수 있다.

위의 내용과 관련된 업체, 비영리 단체 및 주제의 선정은 학생 혹은 교수가 제안할 수 있다. 그 장단점은 표 1-3과 같이 요약된다.

표 1-3　업체 및 주제 선정 유형별 장단점

제안 주체별 분류	장점	단점
학생 주도형	학생이 적극적으로 되면서 스스로 흥미가 유발되고 여러 주제가 다양하게 제시될 수 있다.	주제가 너무 광범위해지고 분산되어서 직접적인 교육의 효과가 약할 수 있다. 담당교수 또한 해당 주제에 관심도 및 전문성이 유리될 수 있는 문제도 발생한다.
교수 제안형	교수가 문제를 인식하면서 교육공학적인 설계를 제시할 수 있어 교육의 효과가 높을 수 있다.	학생의 자율성이 약해지고 수동적이 되어 학생의 관심도 및 흥미가 떨어질 수 있으며, 주제 또한 제한될 수 있다.

캡스톤디자인은 실제 기업체 현장 혹은 현실 사회에서 부딪치는 문제 및 애로사항을 파악하고 이를 해결하는 데 주안점이 있으므로 대상 업체 및 과제의 선정부터 학생이나 교수 모두에게 쉬운 일이 아니다. 이미 노출되어 있는 문제를 정리하여 학생들에게 제시할 때는 그 주제도 제한적이지만 외부에서 바라보면서 현장의 문제를 파악한다는 게 매우 피상적일 수 있다. 또한 알고 있는 문제보다 간과하였거나 학생들의 새로운 시각으로 발견되는 문제를 파악하고 해결하는 것이 참여 기업체에도 좋고 교육의 의의도 높을 것이다. 이에 이 책에서는 캡스톤디자인을 현장실습형으로 진행하는 방법을 제안한다. 그러나 한 학기만으로 현장의 문제를 한 번에 파악하고 해결하기에는 시간적으로 충분하지 못할 수 있으므로 기본 단계에서 미흡하거나 심화하여서 연구해야 되는 주제는 따로 사안 별로 개별 프로젝트로 분리하여 학기를 이어가고, 그 결과를 누적해가면서 같은 업체에 대해 추가로 캡스톤디자인을 계속 진행할 수도 있다.

표 1-4　캡스톤디자인 단계별 진행 프로세스

국면	PHASE I	PHASE II+
단계	캡스톤디자인 기본 단계(현장실습형)	캡스톤디자인 심화 단계(프로젝트형)
내용	지역에서 어려운 업체(사회적 기업, 협동조합, 마을 기업, 영세 자영업자 등)의 경영개선을 지원하기 위해 팀을 형성하여 일손지원 및 문제를 해결한다.	기본 단계에서 추출되는 문제를 프로젝트형으로 발전시켜 심화·분석하며 여러 학기에 걸쳐서 그 내용은 계속 연계가 되도록 결과를 누적하면서 성과를 측정한다.

③ 캡스톤디자인 팀 구성

캡스톤디자인에서 팀 구성은 필수적이고 중요하다. 팀은 소수의 사람들이 모여 상호 보완적인 기능을 수행하면서 공동의 목표를 향해서 상호 책임을 공유하고 문제를 해결하고자 하는 공동의 접근 방법이며 조직단위이다. 더구나 캡스톤디자인은 기업체 및 사회의 현장 문제를 해결하고자 하는 것이므로 다양한 주제를 소화해낼 수 있도록 여러 명이 모여서 진행해야 한다. 캡스톤디자인을 기본형과 융합형으로 구분할 수 있는데, 이와 같은 방법은 수행 주체(팀 구성)에 따른 분류이다.

표 1-5 캡스톤디자인 팀 구성 유형 분류

팀 구성에 따른 분류	전공
기본형	단일 학부(과) 학생들로 팀 구성
융합형	다학제 간, 다학부(과) 간 학생들로 팀 구성

기본형과 융합형은 과제의 사안에 따라 형성되어야 하는데, 작금과 같은 4차 산업혁명 시대에는 모든 주제의 해결방안이 융·복합적이므로 융합형으로 팀이 구성되는 게 이상적이다. 학교에서도 다학제적 접근이 용이하도록 이수과정을 통합하여 운영하는데, 예를 들어 경영학과와 전자공학과 학생이 팀이 되어 캡스톤디자인 수업을 진행할 수 있다.

팀 구성 및 실제 운영에 있어서의 어려움은 팀원들 간의 커뮤니케이션이 원활하지 않고, 구성원들 간의 전공지식에 비해 주어진 과제가 어려워 과제 해결 능력 및 시간 부족, 혹은 취업생이 있어 역할 분담이 제대로 되지 않는 등이 꼽혀 왔다. 따라서 팀을 구성할 때는 이러한 점을 유의해서 짜야 한다. 팀장과 팀원의 결성 방법도 수제 선정과 마찬가지로 학생자율형과 교수제안형이 있는데 팀 결과의 효과 극대화를 위하여 전공 및 능력 등을 고려하여 상황에 따라 적합하게 운용될 수 있도록 담당교수가 인식함이 바람직하다.

④ 캡스톤디자인 운영 방법 — '새가게운동' 모델의 활용

캡스톤디자인의 프로젝트 주제가 기업연계형, 사회기여형, 혹은 4차산업혁신형 어느 것이 되었건 이 모두가 기업과 긴밀한 관계 속에서 수행되어야 한다. 업체와 브레인스토밍하면서 캡스톤디자인의 기본적인 프레임워크인 문제발견, 문제정의, 문제해결 아이디어 발굴 및 평가, 실현으로 구성된 프로세스를 실행해나가야 하는데, 이러한 캡스톤디자인 프로세스를 성공적으로 수

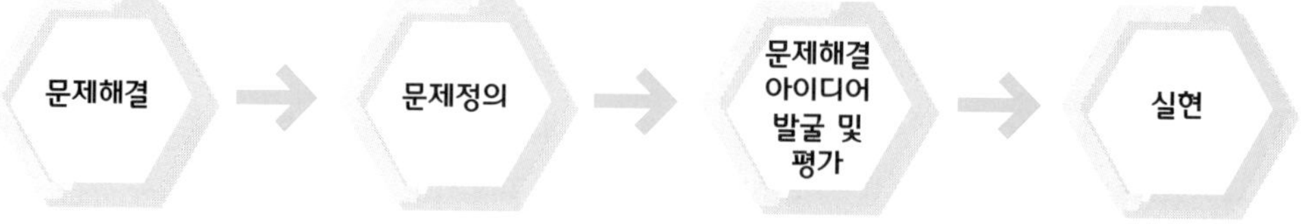

| 문제해결 | → | 문제정의 | → | 문제해결
아이디어
발굴 및
평가 | → | 실현 |

그림 1-2   **캡스톤디자인의 기본적 프레임워크**

행하기 위해서는 대학생 팀과 같이 문제해결에 있어 적극적인 업체 발굴이 무엇보다 중요하다.

캡스톤디자인 교과목 대상 업체 선정에 있어서 대기업보다는 매우 작은 중소기업, 즉 소상공인을 활용함이 합목적적이다. 소상공인은 대체적으로 5~10인 미만의 종사자를 고용하고 있는 업체로 주로 중소기업으로 분류되며, 대부분 개인 혼자서 영업하지만 법인인 곳도 있다. 대기업에서는 학생들이 문제의 내용을 파악할 능력이 부족하거나 혹은 충분한 시간이 주어지지 않을 수도 있는 등, 팀별로 브레인스토밍을 하는 데 용이하지 않아 보인다. 이보다는 일손이 필요하고 경영개선(즉 문제해결)이 절실한 생계형 소상공인을 대상으로 현장실습형 캡스톤디자인을 하면 기업과 대학생 그리고 지역사회가 서로 상생하는 체제가 만들어질 수 있다.[2]

이 책에서는 2012년부터 부산시와 (사)한국소점포경영지원협회에서 성공적으로 수행하고 있는 '새가게운동'을 비이공계 캡스톤디자인 수업의 가장 최적의 운영방법으로 소개한다.

새가게운동은 상생형 프로그램으로 대학생 4~5명 정도가 팀을 이루어 지역의 어려운 소상공인 업체에 일손을 지원하면서 동시에 현장에서 업체의 문제를 파악하고 아이디어를 발굴하며 해결하는 식으로 업체의 경영개선 및 학생들의 현장실무능력을 배양하고자 한다. 대학생은 생활경제를 체득하고 지닌 전공지식을 동원하여 문제해결 능력을 키우면서 동시에 대상 업체는 대학생 팀들로부터 경영개선 지원을 받는 구조이다. 대학생 팀이 지역 업체와 머리를 맞대고 문제해결을 위하여 같이 고민하고 업체의 개선을 위한 해결책을 내도록 설계되어 있는 새가게운동은 지난 6년간 부울경 400여 소상공인 업체에서 성공적으로 시행되어 왔다.[3] 자발적이고 적극적으로 현장실습형 캡스톤디자인을 신청하는 업체를 확보하면서 학생들의 문제해결 능력도 배양하고 지역사회에 기여할 수 있으므로 LINC+사업의 캡스톤디자인과 새가게운동은 최적의 조합이 된다.

---

[2]   소상공인은 '인'이 주는 오해가 있지만 기업의 분류에 속하며 우리나라 중소기업의 86.4%인 300만 업체가 통계로 잡힌다. 소상공인에 종사하는 근로자 수는 600만 명으로 우리나라 일자리의 약 40%를 담당한다. 보통 흔히 통용되는 자영업자는 자기 혼자 또는 가족과 함께 사업체를 운영하는 사람으로 기업의 개념인 소상공인과는 다르며 근거 지원법도 없다. 소상공인 법인의 수는 대략 76만 개로 우리나라 전체 업체 수의 21.5% 정도를 차지한다. 따라서 300만 소상공인 중에서 개인으로서 중소기업체 통계로 잡히는 몫은 65.54%로 232만 명에 달한다. 이 중 월 수익이 100만 원이 채 되지 않는 소위 생계형 소상공인은 약 112만 명으로 전체 업체 수의 31.64%나 차지한다. 한편, 전통시장에 종사하는 상인은 40만 명에 이르며 이들 또한 중소기업이다. (이유태, "1인 소상공인 지원 패러다임 바꿔야" 한국경제, 2017.7.15. 31면)

[3]   새가게운동에 대한 만족도는 대학생과 업주 모두 85%가 넘는 것으로 조사되었으며, 업체의 경영개선 및 문제해결에 도움이 된 많은 사례가 이미 언론방송에서 보도된 바 있다.

그림 1-3 현장실습형 문제해결 모델

캡스톤디자인 기본 단계에서는 학생들이 업체를 파악하고 문제해결을 위한 전초단계의 역할을 수행한다. 어떤 문제의 해결에는 적지 않은 시간이 소요될 수 있으므로, 일차적으로 기본 단계를 거친 후 이 기간 중에 해결하지 못하거나 심화된 방법을 모색해야 되는 문제는 사안 별로 프로젝트화하여 캡스톤디자인 심화 단계를 업체 별로 결과를 누적해가면서 학기 별로 계속 진행해나갈 수 있다. 이렇게 함으로써 학생과 업체 간에 일시적이 아닌 지속적인 상생지원이 가능하며, 이전 단계에 참여했던 학생들과 새로운 캡스톤디자인 팀 간에도 협력이 지속적으로 이루어질 수 있다.

캡스톤디자인 기본 단계를 지나 심화 단계에서부터는 미리 프로젝트 명, 프로젝트 배경, 의뢰기관, 지도교수 등을 사전 공지하고, 팀을 쌀 내 문제에 띠리 디학게 간, 다학부(과)로 섞고, 학생들이 스스로 참여할 프로젝트를 선택할 수 있도록 할 수 있는데, 이 프로젝트들은 학생들이 자체적으로 발굴하였으므로 스스로 문제를 발견하고 해결해나간다는 캡스톤디자인의 의의에 부합한다.

5 이 책의 구성

이 책에서는 제2장과 제3장에서 캡스톤디자인의 바탕이 되는 새가게운동의 모델을 소개한다. 새가게운동의 서식과 프로세스를 이해하면 각 학교 별로 캡스톤디자인을 응용해서 실시하는데 문제가 없을 것이다. 이어 제4장에서는 새가게운동을 진행하는 방식으로 캡스톤디자인을 실시할 수 있도록 기본 절차 및 프로세스에 대한 서식 및 예제를 제공한다.

제 **2** 장

새가게운동(문제해결형)의
의의

① 새가게운동의 개념

1) 실시 배경

국내외 경제성장률이 저조하여 청년층의 인구 중 비경제활동 인구 비중이 42.8%에 달하는 등 청년실업이 심각한 문제로 대두된 것은 어제 오늘의 일이 아니다. 이에 창업이 새로운 일자리 창출을 통한 실업난 해결 및 지속 가능한 경제성장을 위한 가장 효과적인 수단으로 인식되어 정부, 지방자치단체 및 정부 산하기관들은 신규고용 창출의 방안으로 청년층의 자발적인 창업에 대한 적극적인 장려와 다양한 지원정책을 제시해오고 있다.

이렇게 국내외적으로 청년창업과 창업기업의 생존율을 제고할 수 있는 창업교육의 중요성이 비등하고 있음에, (사)한국소점포경영지원협회에서는 창업 및 취업에 가장 효과가 있는 현장체험교육으로서 '새가게운동'을 창안하여 2012년부터 부울경 지역에서 성공적으로 시행해오고 있다.

2) 새가게운동이란

생계형 소상공인[1]에게 청년(대학생)들이 팀을 이뤄 약 100일 동안 일손 및 경영지원 재능기부를 함으로써 생계형 소상공인이 혁신형 소상공인으로 나아가게 하고 청년은 생활경제를 체득하는 현장실습으로써 문제해결 능력 향상 효과를 얻고자 하는 모델이다. 새가게운동은 생계형 소상공인과 청년이 서로 힘을 합쳐 소상공인 생태계를 재생하는 과정 속에 청년이 창·취업 역량을 향상하여 사회에 필요한 인재로 거듭나고 세대 간 갈등을 극복하며 지역과 국민경제 활성화에 이바지하고자 하는 사회운동으로 만들어졌다.[2]

---

[1] 소상공인이란 상시 근로자 수가 대체로 4~9인 이하인 고용주 및 자영업자로서, 우리나라 전체 사업체 수의 87.0%(292만 개), 전체 종사자 수의 38.1%(568만 명)를 차지하여 서민경제의 근간을 이룬다. 이 중 생계형 소상공인은 개인사업체 중 영세하여 성장이 이루어지지 않고, 과다경쟁으로 경쟁력이 약화되어 월 수익이 100만 원도 채 되지 않는 소상공인을 이른다.

[2] 이유태, "새가게운동으로 소상공인 체계적 지원", 한국경제, 2012. 6. 13. 29면 3단

그림 2-2 새가게운동의 의의

그림 2-3 새가게운동 지원 시스템 및 비전

새가게운동이 점차적으로 소상공인, 대학생, 기업이 동반성장하는 사회통합형 모델로 자리매김하게 되면 대학생과 소상공인의 차별화된 사회공헌 모델이 될 수 있을 것이다. 새가게운동의 시행 결과에 대해서는 많은 언론 방송에서 보도된 바 있으며 참고 논문은 다음과 같다.

논문 1	"대학생 현장체험학습(새가게운동)이 창업의도와 소상공인 경영개선에 미치는 영향에 관한 연구", 중소기업학회지 2014. 3.(이유태)
논문 2	"상생형 현장실습교육을 통한 기업가정신과 창업가 역량 향상에 대한 연구 : 새가게운동 사례", 한국벤처창업학회 2015. 11.(이유태, 오윤석)
논문 주요결과	1. 대학생의 기업가정신과 창업의도/경영역량 향상 2. 소상공인의 기업가정신과 경영역량 향상, 경영개선 효과

② 소상공인재생 생태계의 구축

새가게운동은 도시재생처럼 소상공인재생 생태계를 구축하려는 차원에서 시행되어 왔다. 즉 새가게운동은 생계형 소상공인을 혁신형 소상공인으로 거듭나게 하고자 하는 궁극적인 목표를 가지고 있다. 구체적으로는 자생 및 재생의 두 가지 방향성이 있다.

1) 자생 : 생계형 소상공인의 경쟁력 향상 = '새'가게로 거듭남

대학생(청년)과 소상공인이 하나가 되어 생업현장에서 마케팅, 인·익스테리어 개선, 영업활동 지원, 제품개발, 효율적인 경영관리 등을 통하여 어려운 점포의 매출향상, 업종변경, 경영환경 개선 등의 경영활성화 노력을 경주한다. 구체적으로는

① 구 경영관리 행태에 '새'경영관리 체제를 심어 '새'로운 업체로 거듭나게 지원
② 소상공인은 개선이 필요한 경영관리 부분과 부족한 일손을 대학생의 일손 봉사로 해결

2) 재생(창업) : 생계형 소상공인 + 청년 아이디어 = '새'가게(업체) 창업

생계형 소상공인의 경험과 청년의 혁신적 아이디어를 결합하여 혁신형 소상공인 기업(협동조합, 사회적기업, 주식회사)을 재창업하자는 지향점을 가지고 있다. 청년들이 새가게운동에서 얻은 경험 및 교훈으로 새기업을 창업할 때 창업활성화 정부시책에 따른 자금 등 제반 창업 지원을 활용할 수 있는 시야를 새가게운동을 통해서 확보할 수 있다. 새가게운동으로서 생계형 소상공인과 같이 협동조합 등을 결성하여 새 업체를 창업하여 기존 업체는 폐업하고 새 업체로 선순환할 수 있는 소상공인 재생 생태계를 구축하고자 한다.

표 2-1 새가게운동 참여 구성원

구분	소상공인	대학생(청년) 경영지원봉사단	한국소점포경영지원협회
역할 (구성)	• 소점포 CEO로서의 기업가정신 구비 • 소점포에 대한 경영현황 제공 • 경영지원 청년팀과 경영개선을 위하여 열린 마음으로 협력하여 문제해결 • 청년들이 생활경제를 체득함에 있어 멘토 역할 수행	• 소점포관리사로서 소점포 경영개선 노력 • 소상공인, 협회와 한 팀을 이루어 시너지 극대화	• 새가게운동 시스템 속에 경영봉사단들이 소점포관리사의 역할을 잘 수행할 수 있도록 지도 • 소상공인과의 가교역할
비고/ 효과	• 위험한 일이나 과도한 육체적 노동 요구 삼가 • 아르바이트생화되지 않도록 주의	• 생활경제 체득으로 향후 창·취업에 도움 • 재능기부의 봉사심 고취	• 새가게운동의 시너지 효과 극대화

❸ 새가게운동과 LINC+

새가게운동의 단계별 프로세스는 다음과 같다. 부산시와 (사)한국소점포경영지원협회에서는 지역의 어려운 소업체에 대한 지원을 대학생의 지식 봉사로 해결하자는 취지에서 대학생 및 청년들로 이루어진 경영지원봉사단을 2012년부터 운영해오고 있다. 새가게운동이 캡스톤디자인의 진행 및 목표에 부합됨을 한눈에 알 수 있다.

1단계	매칭 및 교육	2단계 봉사단 활동	3단계
업체 발굴 및 대학생 팀 모집	업체 대학생 팀	봉사단 : 현장실습 + 문제해결 ↕ 업체 : 일손지원 및 경영개선 지원 혜택	심사 및 포상 창·취업 활동*

> *특히 새가게운동을 하면서 생활경제현장의 경험과 문제해결을 위한 브레인스토밍 과정에서 얻게 되는 소중한 아이디어들을 다듬어 창업 및 창직 아이디어로 발전시킬 수 있다.

중앙정부 및 지자체에서는 소상공인 창업 및 경영개선을 위한 많은 지원 시스템을 운영하고 있는데 이런 각종 지원 및 정보를 파악하여 새가게운동에 활용할 필요가 있다. 몰라서 사용하지 못하고 있는 정부의 지원 시스템(예 : 소상공인시장진흥공단 www.semas.or.kr)을 많은 소상공인 및 대학생들이 이용할 수 있는 계기로 삼자는 것도 새가게운동의 취지 중 하나이다.

---

3 이유태, "소상공인 생태계 구축할 때", 한국경제 시론, 2012. 7. 25.

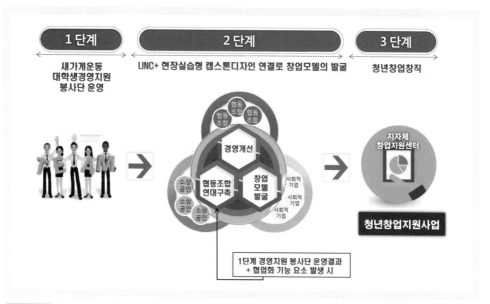

그림 2-4 ▶ 대학 LINC＋ 사업과 연계한 새가게운동 모델

그림 2-5 ▶ LINC＋와 지역사회와의 연계

'소상공인 R&D' 관련 기고문

서민 살림살이의 바로미터인 소상공인 문제해결의 핵심은 소상공인의 사업 구조를 한 달 수익이 150만 원도 채 안 되는 생계형에서 높은 부가가치를 창출할 수 있는 혁신형으로 전환하는 것이다. 혁신형 소상공인 육성에서 중요한 개념이 '소상공인 연구개발(R&D)'이다.

특별한 기술 없이 창업하기 쉬운 도소매 유통, 숙박, 음식업 등 생계형 업종에 소상공인의 절반이 밀집되어 있고, 한 해에 80만 개 소상공인 업체가 폐업하는 고질적 문제를 극복하려면 생계형 소상공인이 R&D를 통해 시대 트렌드에 맞는 혁신형 소상공인으로 거듭나서 소상공인이 소기업-중기업-대기업으로 가는 성장 사다리를 완성할 수 있어야 한다.

그런데 현재는 영세한 생계형 소상공인이 아무리 적합업종에 지정돼 보호를 받더라도 스스로 R&D를 하여 단기간에 경쟁력을 갖추고 중·대기업과 동반성장할 수 없다. 이에 우리는 작금의 시혜적·단기적 복지 형태의 소상공인 정책을 넘어서 미래지향적이고 생산적인 '소상공인 R&D'를 사회 전반에 뿌리 내리게 하는 방법에 대해 고민해야 한다.

그나마 최근에는 협동조합의 바람이 강하게 불고 있다. 특히 중소기업청은 2013년부터 소상공인들이 5인 이상 모이면 협동조합을 결성해 경쟁력을 키울 수 있도록 많은 지원을 하고 있다. 그러나 소상공인들이 모여 어느 정도 규모를 갖춘다 해서 경쟁력이나 R&D가 자동으로 보장되지 않는다.

소상공인 R&D 육성의 해결책은 생활 속의 아이디어를 창업화하는 데서 찾아야 한다. 이는 현 정부가 주장하는 창조경제의 근간이기도 해서 생활 속의 아이디어를 제품화, 기술화할 수 있는 창조경제타운 등의 시스템이 작동하고 있다. 그런데 창업의 기초가 되는 아이디어는 그냥 생기는 게 아니다. 생활 속에서 불편을 느끼고 실제로 현장 경험을 통해 많은 시행착오를 겪어야 한다.

요컨대, 현장교육의 중요성은 창업과 취업을 통틀어서 매우 중요하다. 현재 부울경 지역에서 성공리에 시행되고 있는 '새가게운동'처럼, 대학생과 청년들이 같이 소상공인 현장에서 머리를 맞대고 문제해결책을 찾는 과정에서 생성되는 아이디어를 정부가 추진하고 있는 창조경제타운이나 창조경제지원센터 등과 연계함으로써 소상공인 R&D를 시작해볼 수 있다.

소상공인 R&D는 한 소상공인 업체가 아니라 서민경제 전체에 영향을 미치기 때문에 사회 전체가 같이 '제2의 새마을운동'처럼 노력해봄 직하다. 생활 아이디어 연계형 소상공인

R&D 정책은 세대 간 격차를 허물고 사회갈등을 봉합하는 데도 기여할 것이다.

이렇게 하면 보다 많은 대학생, 청년, 일반인, 기존 소상공인들이 혁신형 소상공인으로 거듭나고 활발하게 창업해 더욱 많은 일자리가 창출될 수 있다. 생활 아이디어를 창업으로 연결할 수 있는 시스템을 만들어 소상공인 R&D를 사회 전반에 착상시킬 때 소상공인의 비전이 생기고, 소상공인도 비로소 중·대기업과 함께 동반성장의 사다리에 동참할 수 있는 기틀이 갖추어지는 것이다.

제 **3** 장

··

새가게운동 실시

이 장에서는 특히 비이공계 학생들을 대상으로 캡스톤디자인 교과목을 운영하는 방법으로 부산시에서 2012년부터 실시하고 있는 '새가게운동'을 실제 예시를 통하여 소개한다. 물론 다음 장에 캡스톤디자인 과목을 운영하는 방법을 서식과 같이 자세히 진행하지만 기본이 되는 새가게운동 진행 사례를 충분히 이해하고 캡스톤디자인 과정을 수행해야 이해도가 높고 상황별로 변형하여 적용할 수 있을 것이다.

새가게운동은 지자체의 예산으로 시행되므로 1년에 한 번밖에 시행되지 못했지만 LINC+사

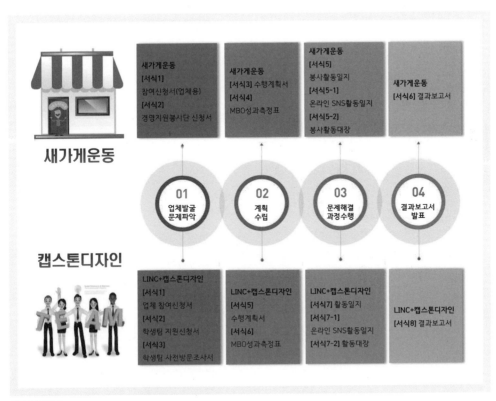

그림 3-1 새가게운동과 캡스톤디자인 과정

업에서는 정규학기뿐 아니라 여름방학과 겨울방학에도 새가게운동의 체제를 응용하여 시행될 수 있다. 새가게운동에서는 경영개선 지원을 필요로 하는 지역의 어려운 소상공인 업체가 대상이다. 즉 대상 업체는 규모가 작은 기업으로 협동조합, 사회적 기업, 전통시장, 자영업자, 마을기업 등이다. 새가게운동을 통하여 대학생들은 평소에 무심히 지나쳤던 지역의 기업들을 돌아보면서 현실 경제에서의 문제점을 파악하고 지역사회와 공감대를 넓힐 수 있으며, 지역사회에 기여할 수 있는 기회가 되기도 한다.

대학생들이 팀을 이루어 업체와 머리를 맞대고 브레인스토밍하는 과정에서 경영개선을 이루는 아이디어도 나오며 대학생들의 문제해결 능력도 자연스레 배양된다. 새가게운동이 성과를 거두기 위해서는 참가하는 업체의 적극적인 자발성과 문제의 구체적인 파악이 중요한데 업체나 대학생이 서로 긴밀하게 소통하며 협조할 수 있도록 하는 상생 시스템이 필요하다. 외부에서 들여다보는 것만으로는 핵심 문제 파악 및 해결이 어렵다. 교육부가 제시한 기업연계형, 사회기여형, 4차산업혁신형 캡스톤디자인은 모두 기업체의 적극적인 참여 없이는 이룰 수가 없다. 문제를 학생들 스스로 발견하기에는 시간과 능력이 부족할 수 있는 큰 기업보다 소상공인이 캡스톤디자인에 가장 맞는 대상 업체임을 적시하는 부분이다.

다음부터는 '새가게운동' 절차 진행 방법을 알아보면서 이를 캡스톤디자인 수업에 그대로 적용해보자. 즉 본문을 읽어나가면서 '새가게운동 = 캡스톤디자인'이라는 개념으로 이해하면 된다.

① 새가게운동 운영 : 업체와 봉사단

2017년 새가게운동 추진 일정은 다음과 같다.

▶ **연간 새가게운동 추진 일정(2017년 예시)**

구분	추진 일정						
	1~3월	3~4월	5월	6월	7~8월	9~10월	11월
내용	참여 소상공인 신청	대학생 모집(신청)/ 업체와 매칭/ 대학생 교육		새가게운동 시행 (대학생 경영지원 봉사단 운영) 5. 13.~8. 20. 100일간		새가게운동 결과 정리 및 심사	시상

▶ 세부일정

기간	추진 내용
17. 2. 28.	• 참여업체 접수 마감
17. 3. 31.	• 경영지원 봉사단(대학생) 접수 마감
17. 4. 1.~30.	• 봉사단 팀 확정 후 업체 미팅 진행
17. 5. 1.~13.	• 업체-경영지원봉사단 매칭 확정
17. 5. 13.	• 경영지원봉사단교육 A조, 13:00~18:00
17. 5. 20.	• 경영지원봉사단교육 B조, 13:00~18:00
17. 5. 13.~30.	• 업체별 경영지원 요소 발굴 및 계획 수립
17. 5. 31.	• 경영지원봉사단 수행계획서 및 MBO 제출(1차)
17. 6. 1.~20.	• 대학별 기말고사 기간
17. 6. 21.~	• 본격적 경영개선 지원활동 시작
17. 7. 11.	• 경영지원봉사단 봉사기간 1차 정산
17. 7. 30.	• 경영지원봉사단 실비지급(1차)
17. 7. 20.	• 경영지원봉사단 수정 수행계획서 및 MBO 제출(2차 : 필요한 경우)
17. 8. 11.	• 경영지원봉사단 봉사기간 2차 정산
17. 8. 18.	• 새가게운동 참가 소상공인 플리마켓 실시
17. 8. 20.	• 100일 새가게운동 공식 종료(17. 5. 13.~8. 20.)
17. 8. 29.	• 봉사단 활동일지/활동대장(서식5, 5-1) 제출 • 결과 부고서(서식6) 제출
17. 8. 30.	• 경영지원봉사단 실비지급(2차)
17. 9.~10월	• 새가게운동 결과 정리 및 심사
17. 11.	• 우수봉사단 시상

1) 소상공인 참여업체

생계형 소상공인 중에서 새가게운동의 취지와 효과를 인식하고 적극적인 업체를 지역에서 신청받는다. 소점포협회에서 진행하는 참여업체 모집 프로세스 및 일정은 다음과 같다.

대학생의 전공, 업체와의 팀워크 등을 고려하여 업체-대학생 미팅 후 매칭을 확정한다.

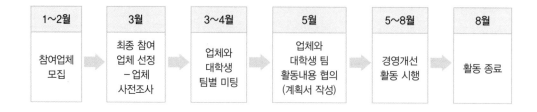

① 2월까지 참여업체 신청 접수 후 업체 사전조사를 통하여 참여업체 최종 선별(학생팀과의 활동에 적극적인 업체)

▶ 업체 참가 자격
• 100m² 미만 도소매, 음식점, IT 및 제조업, 개인서비스업
• 사회적 기업, 협동조합, 마을기업, 영세 자영업자
• 대형 프렌차이즈 업체 및 유흥업소 제외

▶ 업체는 신청서 작성([서식 1]) 후 팩스, 이메일, 또는 우편발송
→ 신청서 서명 후 이미지 파일로 제출 시
파일명은 업체명.JPG로 제출(예 : 맛있는통닭.JPG)

② 최종 선별된 업체를 학생들이 볼 수 있도록 소점포협회 카페에 게시하여 접근편의성 및 전공 등에 맞춰 학생들이 희망업체를 '먼저' 선정할 수 있도록 정보 제공

▶ 업체는 1차 매칭된 경영지원봉사단과 경영개선활동 계획 수립 등을 위한 사전 미팅 후 최종 매칭 여부 결정
→ 업체도 매칭된 경영지원봉사단이 업체와 맞지 않다고 판단될 경우 1회에 한하여 교체 요청 가능

③ 경영지원단 지원 가능 분야(예시)

▶ 경영 전반 : 점포경영관리 및 개선 아이디어 제안과 실행, 고객만족도 및 시장조사, 상권분석(고객층분석), 매출개선 아이디어 제시, 제품 개발 지원 등
▶ 마케팅 : 상품진열 및 연출, 영업전략 및 활동 지원, 홍보물 제작(POP 등), 온·오프라인 마케팅활동(전단지 배포, 피켓홍보 등 오프라인 활동, 온라인 소셜미디어(SNS) 등 활용
→ POP 제작, 전단지 제작 등을 할 경우 캡스톤디자인 진행 예산에서 재료비 활용 가능
▶ 기타 : 업무보조, 재고 관리 및 환경정리 등

요약하면, 경영봉사단과 소상공인을 매칭하여 경영환경개선, 마케팅 및 SNS 활용, 제품개발 등을 통한 매출 및 경영환경 개선을 이루고자 하며, 소상공인을 고부가가치화할 수 있는 경영지원 활동을 대학생 팀이 수행할 수 있도록 소점포협회가 지원한다.

대학생 팀 지원 제외 분야

a. 운송수단(이륜자동차, 자동차 등)을 이용한 배달 업무

b. 기술과 숙련을 요하는 기계조작 업무

c. 무리한 육체적 업무

d. 안전상 위해요소가 있는 업무

e. 기타 대학생에게 적합하지 않다고 판단되는 업무

※ 대학생은 아르바이트생이 아님(단순 홀서빙, 배달업무, 주방일, 기계조작, 무리한 육체적 노동 등 지원 불가)

---

④ 새가게운동 진행 시 업체 확인사항

업체에서는 학생들이 최초 수행계획에 의하여 계획된 시간에 제대로 활동을 하는지 다음 사항을 확인해야 한다.

▶ 경영개선계획 및 MBO(달성목표) 수립 확인

• 대학생 팀과 최종 매칭 후 계획 수립에 대한 미팅 실시

• 업체의 개선 희망사항을 반영한 계획 및 목표 수립이 되었는지 확인

→ 경영지원봉사단 수행계획서([서식 3]), MBO([서식 4]) 작성 내용 확인 후 대표자 서명

▶ 팀별 활동 시간 확인 및 방법

• 대학생 팀이 1일 활동을 기재한 봉사활동일지와 활동대장에 업체 대표자 확인 후 서명

→ 새가게운동은 부산시 사업계획에 의해 대학생 팀의 지식봉사로 진행되고 학생들 이 어려운 소상공인업체에 도움을 주는 개념으로 봉사시간이 부여됨

⑤ 소상공인 플리마켓 개최 안내

▶ 개최 시기 : 2017년 8월 18일, 금요일(기상여건 등에 따라 일정 변경 가능)

▶ 개최 규모 : 2017년 새가게운동에 참여한 희망업체

▶ 참가비 : 무료

▶ 개최 장소 : ○○광장 또는 ○○야구장 인근(여건에 따라 변경가능)

⑥ 업체와 소통을 위한 밴드 개설

▶ 활용방안 : 새가게운동 관련 각종 안내(공지), 소상공인 관련 정책 등 유용한 정보 안내

참여 소상공인 혜택

- 경영개선 및 무료 일손 지원
- 제3자 및 고객관점에서 경영 등에 새로운 시각으로 문제해결 및 아이디어 제시
- 소상공인 플리마켓 참여 기회 제공
- 각 분야 전문가로 구성된 멘토 기회 제공
  - 경영, 마케팅, 세무, 디자인, 식품 등 (관련 전공 교수님 참여)

2) 대학생(청년) 경영지원봉사단 운영

① 대상 : 전공에 관계없이 만 35세 미만 대학(원) 재학생 및 졸업생

② 활동기간 : 약 100일(2017. 5. 13.~8. 20.)
  - 5월 둘째 주 토요일~8월 셋째 주 일요일

③ 봉사단 규모 : 100팀 400명(중간 탈락 수를 고려하여 정원의 120% 한도 내 선발)

④ 봉사단 구성

  ▶ 4인 1팀 단위로 신청(개별지원도 가능)

  ▶ 외국인 유학생은 1팀에 1명 추가 편성 가능

    → 5명 1팀 : 대학생과 유학생의 교류 촉진 효과

⑤ 지원혜택

  ▶ 대학생, 유학생

  • 봉사시간 인정 : 1365봉사 사이트에 등록

  • 소점포협회의 소점포관리사 3급 무시험 취득(새가게운동 140시간 이상 활동 시)

  • 지원 성공사례 표창 : 100팀 당 총 21개팀 비율로 시상

  → 부산광역시장상(3팀 : 1등 100만 원, 2등 및 3등 각 70만 원 상금), 부산경제진흥원장 상(3팀 : 각 50만 원 상금), 부산상공회의소회장상(3팀), 부산은행장상(3팀), 부산신 용보증재단 이사장상(3팀), (주)부산롯데호텔 대표이사상(3팀), 국제교류재단 이사장 상(유학생)

⑥ 원활한 진행을 위한 SNS 개설 활용

  ▶ SNS 가입 시 닉네임 작성 방법

  • 팀장 : 업체명_팀명_팀장이름 사용

    예) 불난다치킨_희망봉사단_홍길동

- 팀원 : 실명 사용
▶ 밴드 활용
- 새가게운동에 대한 각종 진행사항 및 전달사항 공지
- 봉사단 전원 회원 가입하여 활용(특히 팀장은 1일 1회 이상 공지사항 등 확인하여 새
  가게운동이 원활하게 운영될 수 있도록 함)

② 단계별 세부진행 프로세스

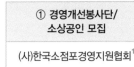
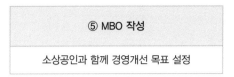

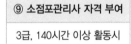

① 경영개선봉사단/소상공인 모집			⑤ MBO 작성		
(사)한국소점포경영지원협회[1]			소상공인과 함께 경영개선 목표 설정		

② 매칭	③ 봉사단 교육	④ 봉사팀별 세부사항 지도	⑥ 새가게운동	⑧ 심사 및 포상	⑩ 창업/취업
봉사단-소상공인	대학생 : 5시간	봉사세부계획 확인 및 지도	경영개선 지원	21팀 시상	성과측정주기 : 6, 12개월

⑦ 현장 지도	⑨ 소점포관리사 자격 부여
멘토 교수/협회(컨설턴트)	3급, 140시간 이상 활동시

1) 대학생 신청절차 : 정원의 120% 한도 선발(제출서류 : [서식 2])

협회 (3월 1주차)	청년 (대학생)	청년 (대학생)	협회	청년 (대학생)	청년 (대학생)
새가게운동 참여업체 프로필 업로드	협회 카페 업체 프로필확인 (cafe.naver.com/kssma6562)	희망업체 파악 및 신청	선착순 접수/업체 매칭 현황 카페 업데이트	접수/매칭 현황 확인 (협회 카페)	확정 후 [서식2]와 필요 서류 제출

① 소점포협회가 카페에 '새가게운동 참여업체 프로필'[2] 업로드(3월 첫째 주)

② 대학생이 업로드된 업체 프로필을 보고 희망전공별, 지역 등을 고려하여 희망업체 파악 후 팀

---

1 캡스톤디자인 수업 시 협회와 부산시의 경우는 각 대학 산학협력단이, 멘토는 각 대학 전공 별 교수님들이 할 수 있다.

2 이 장의 뒤 '5. 2017 새가게운동 진행 결과 자료 요약 및 서식의 (1)' 부분 참조

별(또는 개인) 상황에 적합하다고 판단될 경우 다음과 같이 엑셀로 작성하여 이메일로 신청

▶ 엑셀파일 작성 예(팀 단위, 혹은 개인일 경우)

→ 엑셀파일명 : 업체번호_업체명_(0)인.xls[3]

▶ 2017년 새가계운동 경영지원 봉사단 신청서　　　　4명 1팀 또는 개인별(1~3명) 신청 가능

연번	팀명	팀장	이름	생년월일	주소	연락처	이메일	학교	학과	은행명	계좌번호
1		이몽룡	홍길동	123456-*******	부산시 연제구 거제1동 000아파트 105-1004호	010-1234-7890	abcd@naver.com				
2			변사또			010-0000-0000					
3											
4											

＊ 작성 및 제출 유의사항(필독!)
1.　계좌번호는 '-'없이 숫자만 표시함
2.　학과 기재시 복수전공은 기재하지 말것
3.　제출서류 순서 : 신청서-재학(졸업)증명서-주민등록증사본-통장사본 순으로 정리하여 서류제출하고
4.　파일제출 : 신청서 엑셀파일과 재학(졸업)증명서/주민등록증/통장사본 스캔파일로 만들어서 yghrd@naver.com으로 이메일 제출할 것.

▶ 4명이 1팀(외국인을 사전에 포함할 경우는 5명)[4]으로 구성된 후 협회의 승인을 얻은 다음 업체와 면담 후 매칭을 최종 결정하며 선착순으로 먼저 신청한 팀이 우선권이 있음

→ 업체 매칭 신청 현황을 카페에서 수시로 모니터링하기

→ 처음 고른 업체와 면담 후 다른 업체로 변경할 기회는 1회에 한해 주어짐

▶ 선발 우선순위

• 1순위 : 선착순 및 4명 모두 편성된 팀

• 2순위 : 구비 서류 제출자([서식 2], 제반 서류 등)

누구나 참여할 수 있는 기회를 부여하기 위하여 선착순을 기본 원칙으로 선발하나, 구비 서류 미제출 등 신청 시 필요조건을 충족하지 않을 경우 선발되지 않을 수 있으니 유의바람

③ 업체의 희망 전공이 신청 대학생의 전공자격을 제한하지는 않음. 새가계운동은 업체가 필요로 하는 전공을 가진 대학생을 포함하여 '다양한 전공' 소유자의 학생이 포함되어야 힘을 합쳐 시너지를 낼 수 있음

3　예를 들어 3명인 경우는 업체번호_업체명_3인.xls; 팀 편성이 어려워서 개별 신청할 경우 협회에서 팀 구성 지원 가능

4　외국인이 개별로 신청할 경우 업체 요구 사항에 따라 협회가 팀에 별도로 추후 1명 배정 가능

④ 아르바이트를 너무 많이 하거나 또는 할 계획이 있는 학생은 팀 활동에 제한을 줘서 업체에 실질적인 도움을 줄 수 없으니 팀 편성 시 유의하기 바람

⑤ 업체와 면담 후 '매칭완료'를 카페 신청 현황에서 확인 후 다음의 서류 제출 요망(5월 22일 까지)

▶ [서식 2], 주민등록증 사본(운전면허증 가능), 통장 사본
 • 팀원 중 유학생이 있을 시 [서식 2-1] 같이 제출

⑥ 경영봉사단으로 확정되면 행정자치부에서 운영하는 1365자원봉사 사이트 회원 가입 (www.1365.go.kr) 후 아래의 양식으로 팀장이 취합하여 가입 현황 제출(미제출 시 봉사시간 입력 불가)

▶ 1일 최대 인정 가능 봉사시간 : 8시간

연번	성명	생년월일	아이디	가입지역
1	김갑식	93. 2. 1.	asdf123	부산 연제구
2	이순철	94. 3. 3.	cdfvg2345	경남 김해시
3	박판석	93. 5. 5.	bnchgd987	대구 수성구

⑦ 팀원 변경에 관한 원칙
 새가게운동 기간 중 과반수의 결원이 생기면(즉 4인 중에서 2인이 탈락하면) 팀은 해체되고 희망할 경우 다른 팀에서 결원이 생기는 곳으로 이동 가능

2) 경영지원봉사단 교육 및 소점포관리사 취득

① 경영지원봉사단 교육자료 다운로드 및 개인별 사전학습
 ▶ 소점포협회 카페에 업로드된 교육교재 다운로드 후 사전학습

② 봉사단 단체 오프라인 교육
 ▶ 시기 : 5월 13일(토) 13:00~18:00, 5월 20일(토) 13:00~18:00
 ▶ 장소 : 부경대학교 용당캠퍼스 부산창업지원센터 3층 대강당
 ▶ 교육내용

구분	주요내용
1일 5시간 교육	• 새가게운동 진행절차 관련(1시간) ─ 매뉴얼 교육, 제출서류 작성방법, 커뮤니케이션 방법 등 • 마케팅 교육(4시간)

▶ 이외 별도로 마케팅 방법 등에 대한 교육이 수시로 이루어짐

③ 소점포관리사 자격증 취득

▶ 시기 : 새가게운동 종료 후(새가게운동 140시간 이상 활동 시 자격확인증 부여)

3) 새가게운동 실시(5. 13.~8. 20. 100일간)

(1) 팀 구성 완료 및 팀장 선출

① 팀 구성

▶ 4명이 하나의 팀으로 구성되며 외국인 유학생 1명은 별도

② 팀장 선출

▶ 팀 구성 완료 후 팀 자체적으로 팀장을 선출

▶ 팀장 역할 : • 봉사단 수행계획서 등 팀 제출서류 확인 및 협회 제출

　　　　　　 • 팀원 연락 및 네트워킹, 봉사활동 일정 조율, 멘토와 미팅 일정 협의 등

　　　　　　 • 봉사활동 기간 동안 협회와 대화창구 역할(밴드 확인 등)

▶ 팀장 혜택 : 봉사시간 20시간 부여

　　　(단, 그룹과 개인의 봉사시간이 각각 160시간 이상이고, 각종 서류/결과 보고서를 기한

　　　내 제출한 경우)

(2) 동(이)업종 간 네트워크 구성 및 활동

① 목적

▶ 각 팀별 아이디어, 각종 정보, 봉사활동 진행사항 등에 대하여 상호 간 공유하여 봉사활
동의 시너지 효과 기대

② 방안

▶ 동(이)업종 간 온·오프라인 네트워크 구성(모임 결성)

▶ 업종별 활동을 주도할 수 있는 간사팀장 선출

▶ 온·오프라인 모임을 통한 정보공유

③ 정보공유 내용

▶ 업종별 마케팅 아이디어

▶ 성공 및 실패 사례

▶ 소상공인 애로사항 및 제안사항

▶ 기타 봉사활동 목표 달성을 위한 정보 등

④ 행정사항

▶ 업종 간사팀장은 네트워크 활동일지 작성([서식 7] 참조)

▶ 심사시 네트워크 활동에 대한 점수 반영(2점)

  • 온라인 : 협회 카페 '소점포네트워크(아이디어 공유방)'에 정보 게시 건수(건당 0.5점)

  • 오프라인 : 정례모임 참석건수(건당 0.5점), 팀별 상호 일손 지원(건당 1점)

(3) 봉사단 수행계획 및 MBO 작성·제출

① 제출일

▶ 1차 : 5월 31일, 2차 : 7월 20일

② 제출방법 : 협회에 서면 제출(파일 이메일로 병행 제출 필수)

▶ 파일제출 시 업체명_팀명.hwp로 파일명을 정하여 제출요망

  (예 : 불티난치킨_비상.hwp)

③ 내용

▶ 협회 카페 작성 예시를 참고하여 [서식 3] 봉사단 수행계획서 및 [서식 4] MBO 성과 측정을 연계하여 작성·제출

▶ 1차 제출 : 매칭 후 봉사 대상 업체를 심층 조사 및 분석할 시간을 가지면서 경영지원봉사 로드맵을 작성하여 협회 멘토에게 승인을 얻은 후 5월 31일까지 제출

▶ 2차 제출 : 1차 제출 후 진행사항을 재점검하면서 남은 기간 동안 나아갈 방향(변경사항)에 대해 협회 멘토에게 승인을 얻은 후 7월 20일까지 제출

  • 협회 멘토와 지도일정 팀별 협의

▶ 1, 2차 보고서는 새가게운동 심사 시 반영(5점)

  • 기한 내 미제출 시 감점 처리(건별 -1점)

- [서식 3](봉사단수행계획서), [서식 4](MBO 성과 측정), 활동내역 일치 여부는 심사 시 반영 예정 : 수행계획서 → MBO 지표개발 → 실행
- 계획수립 능력, 지표개발 능력, 이해 능력 등 종합적 평가

(4) 봉사시간 및 봉사활동 실비 정산

① 봉사시간 중간 확인(정산) 일정

1차	2차
7월 11일	8월 11일

▶ 협회와 미팅 시 항상 봉사단 활동일지 [서식 5]와 [서식 5-1]을 작성하여 소지하고 협회 확인 후 날인받으며, 상기 일정에 맞추어 [서식 5-1] 복사본을 우편 또는 방문하여 협회에 제출한다. 1차를 놓치면 다음 차에 하며, 2차부터는 이전 제출 분 이후부터 제출하면 된다.[5]
- 작성 예 : 협회 카페 참조
- 실비는 전체 활동기간(5. 13.~8. 20.) 동안 대략 8만 원 지급됨

② 봉사시간 인정 및 팀 시간 계산 방법
▶ 개인 및 팀별 봉사시간 산정 및 봉사활동 실비 정산 근거로 사용[6]
▶ 협회 확인 날인을 받지 않을 경우 봉사시간 불인정 및 실비 미지급 처리
- 봉사단 활동일지를 근거로 **개인별 봉사시간**과 **팀별 봉사시간** 산정
  팀 봉사시간 = (개별 봉사시간+개별 봉사시간+……)÷(팀 정원 수)
  우수봉사단 심사 시 팀 봉사시간을 기준으로 성실성(45점 만점) 점수 부여
  예 1) 희망봉사단 팀원이 4명인데, 7월 1일 활동내역이 A학생 3시간, B학생 5시간, C학생 1시간 활동을 했다고 하면 7월 1일 팀 활동 시간은
  (3시간+5시간+1시간)÷4 = 2.25시간으로 계산됨
  예 2) 희망봉사단 팀원이 4명인데, 7월 5일 활동내역이 A학생 3시간, B학생 5시간 활동을 했다고 하면 7월 5일 팀 활동 시간은 (3시간+5시간)÷4 = 2시간으로 계산됨
▶ 봉사시간 인정기준
- 오프라인 : 업체 출근(출입)시간 ~ 퇴근(퇴장)시간
  예) 만약 대외 활동(홍보 등)을 하게 되더라도 오후 1시에 업체에 가서 먼저 출근 확인 후 밖에서 대외 활동 후 오후 5시에 다시 모두 업체로 복귀하여 봉사활동을 마

---

5 매 방문 시 '봉사단 활동일지[서식 5]'를 작성하고, 원본[서식 5]은 결과 보고서[서식 6]와 같이 제출
6 개인 봉사시간은 참가자 개개인의 봉사시간으로 활용하는 것이고 팀별 봉사시간은 새가계운동 심사 목적상 팀별 점수를 계산하기 위함임

치고 업주확인을 받으면 4시간 인정이 된다.

- 온라인 : 1일 최대 4시간 인정
- 포스팅 건수당 인정시간 : 1건 1시간, 2건 1.5시간, 3건 2시간, 4건 2.5시간, 5건 3시간, 6건 3.5시간, 7건 이상 4시간
- 동일한 내용을 하루에 여러 번 포스팅 시 1회로 간주
- 동일한 내용을 팀원이 번갈아가면서 포스팅 시 최초 포스팅한 사람만 인정하며, 나머지는 불인정

(5) 결과 보고서 제출

① 파일 제출일 : 8. 29.(화)

② 제출방법 : 파일 → 이메일

▶ 봉사단 활동일지[서식 5]
- 전체 스캔 후 압축하여 제출
- 파일명 : 업체명_팀명_봉사활동일지.zip

▶ 결과 보고서[서식 6]
- 아래한글로 작성, 15매 이내, 글자크기 10, 글자모양 굴림체
- 파일명 : 업체명_팀명_결과보고서.hwp

③ 우편제출 : 출력물

▶ 제출일 : 8. 31.(목)

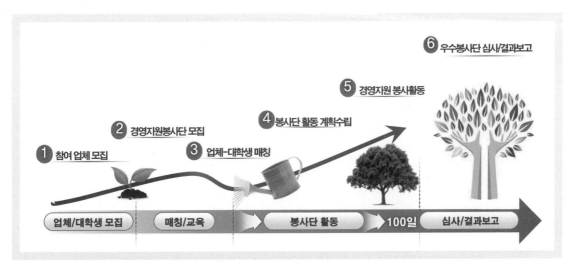

그림 3-2 ▶ 새가게운동 전체 프로세스

▶ 제출방법 : 우편제출 시 도착일 기준(내방 제출 가능)

▶ 제출서류

- [서식 5], [서식 6], 성과평가 증빙자료(매출전표, 블로그 및 방문자 수 화면 캡처 등) 일체 묶음을 팀별 2부 제출

- [서식 5-1] 봉사활동대장 최종본 제출

  기 제출한 이후 부분 제출

  협회의 날인이 없을 경우 봉사시간 무효 처리(불인정)

④ 제출처 : (사)한국소점포경영지원협회

4) 심사 및 포상

(1) 심사기준

① 항목별 배점기준

구분	세부기준	배점	평가기준	비고
수행계획/ 성실성(8점)	기한준수, 교육참여도	5	서류 제출 기한준수 : 2점 교육참여도 : 3점	교육/각종회의시 미참여 팀원별 -1점 감점
	봉사단 수행계획서	3	[서식 2, 3, 4] 제출 및 연계성	
봉사활동 수행도(22점)	경영개선 아이디어	20	[서식 6] 결과 보고서 -내용충실성, 논리성, 창의성 등	기한 준수
	네트워크/교류	2	건당 0.5~1점	
경영개선 기여도(15점) MBO 활용*	매출실적	5	확인서, 증빙자료	상(5점) 중(3점) 하(1점)
	점포환경개선	5	봉사활동일지/ 증빙자료(사진 등)확인	
	마케팅 실적	5	봉사활동일지/증빙자료 (사진, 화면 캡처 등 확인)	
성실성(45점)	봉사시간	45	봉사시간 점수 계산표	가산점 최대 3점
현장평가(10점)	협회평가	10	업주의견, 활동내용 등을 참고하여 평가	가산점 최대 5점

* 매출실적 : 활동 전후 3개월 치 실적 비교 분석(업주의 확인서 및 증빙자료)

점포환경개선 : 재고관리 개선, 가게 레이아웃 변경, 기타 환경 개선 활동 등

마케팅실적 : 블로그, 카페 등 이용한 온라인/거리홍보, 전단지 등을 이용한 오프라인 홍보 실적

→ [서식 4] MBO 작성 시 협회와 상의하면서 업체 상황에 맞게 적용

팀별 봉사시간 점수 계산표 [7]

봉사시간	봉사점수	봉사시간	봉사점수	봉사시간	봉사점수	봉사시간	봉사점수
55		95		135		175	
56		96		136		176	
57	15	97	23	137	31	177	39
58		98		138		178	
59		99		139		179	
60		100		140		180	
61		101		141		181	
62	16	102	24	142	32	182	40
63		103		143		183	
64		104		144		184	
65		105		145		185	
66		106		146		186	
67	17	107	25	147	33	187	41
68		108		148		188	
69		109		149		189	
70		110		150		190	
71		111		151		191	
72	18	112	26	152	34	192	42
73		113		153		193	
74		114		154		194	
75		115		155		195	
76		116		156		196	
77	19	117	27	157	35	197	43
78		118		158		198	
79		119		159		199	
80		120		160		200	
81		121		161		201	
82	20	122	28	162	36	202	44
83		123		163		203	
84		124		164		204	
85		125		165		205	
86		126		166		206	
87	21	127	29	167	37	207	45
88		128		168		208	
89		129		169		209	
90		130		170		210	
91		131		171			
92	22	132	30	172	38		
93		133		173			
94		134		174			

※ 238시간 이상 활동 시
가산점 3점 부여

총시간	주별 봉사시간 예시
56	주 4시간×14주
70	주 5시간×14주
84	주 6시간×14주
98	주 7시간×14주
112	주 8시간×14주
126	주 9시간×14주
140	주 10시간×14주
154	주 11시간×14주
168	주 12시간×14주
182	주 13시간×14주
196	주 14시간×14주
210	주 15시간×14주

7 자세한 것은 [서식 5-1] 참조

❸ 새가게운동 중요 서식 작성 방법

1) 수행계획서 및 MBO 작성방법

수행계획서란 팀별로 수행해야 할 활동범위 및 팀별 역할을 분석하여 자신의 경험과 직무역량 등을 기반으로 분석된 활동범위 및 역할을 체계적이고 효율적으로 수행하기 위한 사전 계획서 를 말한다.

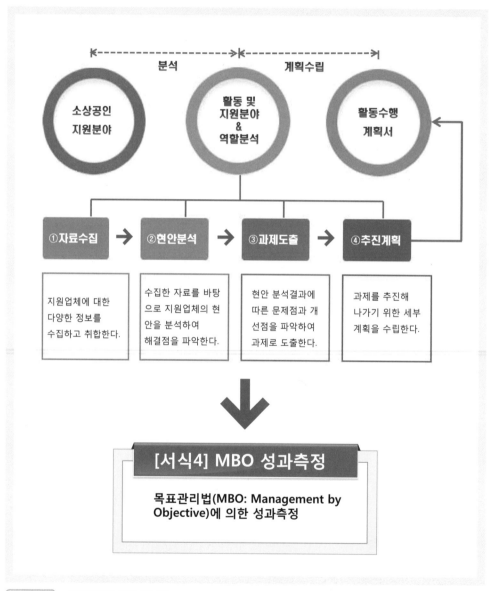

그림 3-3 ▶ 수행계획서 작성 로드맵

1. 자료수집

지원업체에 대한 다양한 정보를 수집하고 취합한다.

자료수집 방법	1. 현장방문을 통한 업체대표 면담 2. 업체 체크리스트 3. 자료 및 수요조사 4. 상권분석 및 유동인구 조사 5. 경쟁사 분석 등

○○커피 설문조사(매장방문 고객용)

커피향과 수제 과일청의 건강함이 가득한 담소

1. 귀하의 성별은 무엇입니까?
   ① 남성 ② 여성

2. 귀하의 나이대는 어떻게 되십니까?
   ① 10대 ② 20대 ③ 30대 ④ 40대 ⑤ 50대이상

3. 귀하는 '○○커피'를 얼마나 쉽게 찾으셨습니까?
   ① 매우어렵다 ② 어렵다 ③ 보통이다 ④ 쉬웠다 ⑤ 매우쉬웠다

4. 귀하는 '○○커피'를 얼마나 자주 이용하십니까?
   ① 월 3회 미만 ② 월 5회 미만 ③ 월 7회 미만 ④ 월 10회 미만 ⑤ 월 11회 이상

5. 귀하가 생각하시기에 '○○커피'의 가격은 적절합니까?
   ① 매우 비싸다 ② 비싸다 ③ 적절하다 ④ 저렴하다 ⑤ 매우 저렴하다

6. 귀하는 '○○커피'가 개선되었으면 하는 점이 있으십니까?(자유롭게 기재해주세요)

5. 카페에서 판매되었으면 하는 메뉴 혹은 체험활동이 있으십니까?(자유롭게 기재해주세요)

★ '○○커피'는 개업을 시작으로 하여 방문고객님들께 수혈행사 이벤트를 진행하고자 합니다.
   수제청, 빙수, 음료 등의 여러 가지 상품들이 있으니 많은 참여 부탁드립니다!

성명	
전화번호	010 -
생일	
결혼기념일	
방문일	

상권 분석

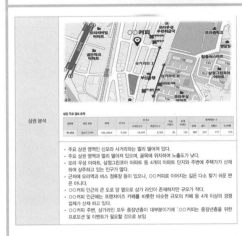

- 주요 상권 영역인 신모라 사거리와는 멀리 떨어져 있다.
- 주요 상권 영역과 멀리 떨어져 있으며, 골목에 위치하여 노출도가 낮다.
- 모라 우성 아파트, 삼정그린코아 아파트 등 4개의 아파트 단지와 주변에 주택가가 산재하여 상주하고 있는 인구가 많다.
- 근처에 모라역과 버스 정류장 등이 있으나, ○○커피로 이어지는 길은 다소 찾기 쉬운 편은 아니다.
- ○○커피 인근의 큰 도로 양 옆으로 상가 라인이 존재하지만 규모가 작다.
- ○○커피 인근에는 프랜차이즈 카페를 비롯한 비슷한 규모의 카페 등 4개 이상의 경쟁업체가 산재해 있다.
- ○○커피 주변, 상가라인 모두 중장년층이 대부분이기에 '○○커피는 중장년층을 위한 프로모션 및 이벤트가 필요할 것으로 보임

유동인구 분석

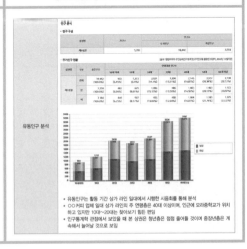

- 유동인구는 활동 기간 상가 일대에서 시행한 시음회를 통해 분석
- ○○커피 업체 일대 상가 라인의 주 연령층은 40대 이상이며, 인근에 모라중학교가 위치하고 있지만 10대~20대는 찾아보기 힘든 편임
- 인구통계학 관점에서 보일 때 본 상권은 청년층은 점점 줄어들 것이며 중장년층은 계속해서 늘어날 것으로 보임

2. 현안분석

수집한 자료를 바탕으로 지원업체의 현안을 분석하여 해결점을 파악한다.

현안분석 결과	1. 온라인 홍보활동 부족으로 낮은 업체 인지도 2. 개인카페 및 프렌차이즈 카페 등의 경쟁업체 산재 3. 기존고객 및 신규고객 유입을 위한 프로모션 활동 미비 4. 업체 내부 인테리어 개선 요소 문제 5. 주변 경쟁업체에 비해 떨어지는 세트메뉴 가격경쟁력 6. 지속적인 고객유치를 위한 고객관리망의 부재

3. 과제도출

현안분석 결과에 따른 문제점과 개선점을 파악하여 과제로 도출한다.

과제도출	1. 업체의 일차적인 목표인 흑자전환을 위한 온·오프라인 마케팅활동, 시설 및 환경개선 필요 2. 핵심 상권과 먼 지리적인 불리함으로 인해 유동인구가 적은 문제를 시음회를 통해 이미지 개선과 노출도를 높이는 방안으로 타개하고자 함 3. 젊은 연령층에게 노출도가 높은 페이스북 페이지 개설 블로그 운영 등 온라인 마케팅 필요성 인식

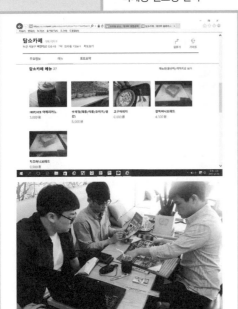

이야기가 있는 카페, '○○커피'

행복재생 창업지원사업센터 새가게 운동으로 활기

최슬기 기자   승인 2017.06.07 16:48   댓글 0

부산시 사상구 모라동에 위치한 담소카페.

사상구청 내 커피 하우스 사장 3명이 공동 창업한 카페로, 커피 하우스의 사회적 기업 성격을 그대 물려받아 사회 공헌에 대한 여러 시스템적 방식과 지역주민들을 위한 헌신이 그대로 투영되어 있다. 시중 카페와 다르게 음료를 직접 수제로 만들고 있으며 가격을 2/3 수준으로 대폭 낮춰 운영하여 고객들의 부담을 덜어주고 있다.

하지만 낮은 가격에서 음료를 제공하고, 모든 음료를 수제로 만들어 제조비용이 많이 드는 이유와 홍보 부족, 지리적 문제 각종 시스템적 안정화 문제로 인해 경영적으로 많은 어려움을 겪고 있는 것이 현실이다.

4. 추진계획

과제를 추진해 나가기 위한 세부 계획을 수립한다.

추진계획 수립	1. 경영개선, 마케팅활동, 환경개선에 대한 대분류 작성 2. 대분류에 따른 세부 항목 작성(일정, 수행내용) 3. 결과 보고에 따른 증빙 서류 및 사진 준비

	회차	일정	회차별 수행내용
	1차	2017.05.17.~ 2017.05.21.	- ○○커피 업체 답사 및 사전미팅 - 향후 일정 및 활동 계획 논의 - ○○커피 주변 경쟁업체 탐방 　(코스모스카페, 이디야, 벤티)
	2차	2017.05.22.~ 2017.05.28.	- 경영지원, 마케팅, 시설개선 활동방안 회의 - 1차 MBO 및 수행계획서 초안 작성 - 1차 업체 요청 사항 시행 예정(프렌차이즈 카페 방문 및 현장 분석)
	3차	2017.05.29.~ 2017.06.04.	- ○○커피 업체 2차 미팅, MBO 및 수행계획서 완성 및 제출 • **온라인 마케팅 기획** - ○○커피 공식 블로그 인수인계 및 블로그 리뉴얼, 콘텐츠 회의)
세부 내용	4차	2017.06.05.~ 2017.06.11.	• **오프라인 마케팅 콘텐츠 행사 기획** - 수제청 체험활동 : 체험가격 및 활동메뉴얼 설정 - 설문지 제작 : 시음회 고객용/매장방문 고객용 - 커피 시음회 기획 • 목적 : 대표 커피 시음 및 일대 유동 인구를 대상으로 한 홍보물 배부 • 실시 : 7회차부터 매주 화요일, 목요일 실시(추후 조정 소요 있음) 16~18시에 실시 예정(약 2시간 내외, 추후 조정 소요 있음) • 활동 영역 : 카페와 협의 후, 기존에 실시한 시음회 구역 및 새로운 허가 구역 논의 및 확보 • 행사 진행 : ○○ 카페 대표 메뉴 3가지 선정(시즌 메뉴 1, 차가운 음료 2로 구성), 해당 구역에서 2~3인 내외의 인원이 해당 구역 일대의 유동인구를 대상으로 커피 시음을 진행하고, 설문조사 및 홍보 소책자(또는 쿠폰)를 배부하는 활동을 실시한다. 16~18시 사이 2시간 시음회를 실시하고, 즉시 정리정돈 후 시음회 피드백을 실시 **근처 기관 방문 및 홍보 : 단기적인 인센티브 논의** • 목적 : 단체 고객 유도를 기대할 만한 수준의 인근 기관 등을 대상으로 한 홍보물 배부 및 콘텐츠 소개 • 실시 : 7회차부터 주 2회 근처 기관 방문(추후 조정 소요 있음), 상시 실시 예정(2인이 1개 조가 되어 1일 2구역 방문) • 활동 영역 : ○○커피 2km 이내 • 행사 진행 : **예시 1)** ○○ 카페 인근에는 오즈 어린이집, 새싹 어린이집 등이 위치해 있으므로 해당 기관에 수제청 체험 프로그램을 PR한다.(해당 PR자료는 보육원장과 보육교사 설득에 주력하기 위해 수제청 제작활동을 아동

세부 내용	4차	2017.06.05.~ 2017.06.11.	발달의 이점과 연계하여 PR한다.) **예시 2)** ○○ 카페 인근에는 아파트 단지 등 주거 지역이 산재하고 있으므로, 전단 활동 및 홍보 소책자(또는 쿠폰)를 배부하는 활동을 실시한다. 해당 일에 방문 활동을 실시하고, 즉시 정리정돈 후 피드백을 실시. • 온라인 마케팅 기획 - ○○커피 공식 페이스북 페이지 개설
	5차	2017.06.12.~ 2017.06.18.	• 오프라인 마케팅 콘텐츠 행사 기획 - 오프라인 마케팅을 위한 이벤트 구상 및 아이디어 회의 • 온라인 마케팅 기획 - 사상구 지역신문 게시를 위한 스토리 구상 및 협의 (사상지역자활센터와 협의 담당자 : 박수진/051-301-8681) • 시설 및 환경개선 활동 기획 - 메뉴 개선 및 개발 아이디어 회의(프렌차이즈 카페 및 동네 카페 탐방) - 2차 업체 요청 사항 시행 예정(개인사업자 카페 방문 및 현장 분석)
	6차	2017.06.19.~ 2017.06.25.	• 온라인 마케팅 실시 - 페이스북 페이지 게시글 업로드(대학생 기말고사 기간임을 고려하여 온라인 마케팅활동만을 실시함)
	7차	2017.06.26.~ 2017.07.02.	• 온라인 마케팅 실시 - 페이스북 페이지 게시글 업로드 • 오프라인 마케팅 실시 - 무료 커피 시음회 시행(활동 예정지 : 상가 앞 건널목) - 근처 기관 방문 및 홍보 - 수제청 체험 활동 및 고객 설문조사 상시 시행 • 시설 및 환경개선 활동 실시 - 매장 내 청결활동 진행 - 업체 메인 메뉴판 교체(메뉴 추가, 가격변동) • 7, 8월 달별 추첨 이벤트 기획 진행 - ○○커피에는 이벤트성 활동이 없다는 점에 착안하여 이벤트 기획 예정 - 세부 계획 : 해당 이벤트 기간 설정 예정 　　　　　　 해당 이벤트 진행 방법 구상 예정 　　　　　　 해당 이벤트 응모권 구상 및 제작 예정 　　　　　　 해당 이벤트 관련 보상에 대하여 업체와 논의 예정 ＊7월 본격적인 활동 시작 전 계획 점검 및 회의
	8차	2017.07.03.~ 2017.07.09.	• 온라인 마케팅 실시 - ○○커피 블로그 개설 및 포스팅/페이스북 페이지 게시글 업로드 - 기존 네이버 마이비지니스(○○) 삭제 및 마이비지니스(○○ 카페) 재등록 - 다음 포털사이트 검색등록 • 오프라인 마케팅 실시 - 무료 커피 시음회 시행 (활동 예정지 : 상가 앞 건널목) - 수제청 체험 활동 및 고객 설문조사 상시 시행 - 1차 ○○커피 주변 제휴업체 연계활동

	8차	2017.07.03.~
		2017.07.09.
			• **시설 및 환경개선 활동 실시**
			- 매장 내 청결활동 진행
			- 매장 아크릴판용 포스터 제작(디저트 메뉴/추천 세트메뉴/할인정보)
			- 테이블용 메뉴판 제작(기존 테이블용 메뉴판 폐기 후 신메뉴판으로
			  교체)
			- 업체 내부 카운터 진입 여닫이문 제거 및 커튼으로 교체
			• **7, 8월 달별 추첨 이벤트 포스터 제작 및 이벤트 진행**
			- 7회차에 기획한 이벤트를 토대로 업체와 논의하여 포스터를 제작 후
			  이벤트 진행

	9차	2017.07.10.~ 2017.07.16.	• **온라인 마케팅 실시** - ○○커피 블로그 포스팅/페이스북 페이지 게시글 업로드 - 지역신문 투고 안건에 관한 회의(사상지역자활센터 담당자와 연결) • **오프라인 마케팅 실시** - 무료 커피 시음회 시행(활동 예정지 : 상가 앞 건널목) - 근처 기관 방문 및 홍보 - 수제청 체험 활동 및 고객 설문조사 상시 시행 • **시설 및 환경개선 활동 실시** - 매장 내 청결활동 진행 - 고객관리용 엑셀파일 제작(고객관리 리스트)
세부 내용	10차	2017.07.17.~ 2017.07.23.	• **온라인 마케팅 실시** - ○○커피 블로그 포스팅/페이스북 페이지 게시글 업로드 • **오프라인 마케팅 실시** - 무료 커피 시음회 시행(활동 예정지 : 상가 앞 건널목) - 주변기관, 업체 방문 및 홍보활동 - 수제청 체험 활동 및 고객 설문조사 상시 시행 - '맘씨비누'팀과 협업을 위한 회의 및 스케줄 조정 • **시설 및 환경개선 활동 실시** - 매장 내 청결활동 진행 • **자체 중간점검** - 업체 및 협회와의 피드백 활동 - 활동 문제점 파악 및 개선점 논의 - MBO 및 수행계획서 2차 제출(2017.07.20)
	11차	2017.07.24.~ 2017.07.30.	• **온라인 마케팅 실시** - ○○커피 블로그 포스팅/페이스북 페이지 게시글 업로드 • **오프라인 마케팅 실시** - 무료 커피 시음회 시행(활동 예정지 : 아파트 상가 앞 건널목) - 근처 기관 방문 및 홍보 - 수제청 체험 활동 및 고객 설문조사 상시 시행 - '맘씨비누'(시너지팀) 업체 방문 후 천연커피비누 제작(협업) - 업체 내부 공간을 활용하여 다양한 카테고리의 도서 배치 • **시설 및 환경개선 활동 실시** - 매장 내 청결활동 진행
	12차	2017.07.31.~ 2017.08.06.	• **온라인 마케팅 실시** - ○○커피 블로그 포스팅/페이스북 페이지 게시글 업로드

세부 내용	12차	2017.07.31.~ 2017.08.06.	– 지역신문 기사 제보예정 (사상지역자활센터와 협의) • **오프라인 마케팅 실시** – 무료 커피 시음회 시행(활동 예정지 : 삼정그린코아 아파트 단지 앞) – 수제청 체험 활동 및 고객 설문조사 상시 시행 – 7월 달별 추첨이벤트 당첨자 추첨 – 8월 달별 추첨이벤트 실시 • **시설 및 환경개선 활동 실시** – 매장 내 청결활동 진행 – 7월 달별추첨 이벤트, 설문조사를 통해 얻은 고객정보 엑셀파일에 기입 • **7월 매출 파악 및 성과 분석** ＊ 8월 활동 시작 전 활동계획 점검 및 회의
	13차	2017.08.07.~ 2017.08.13.	• **온라인 마케팅 실시** – ○○커피 블로그 포스팅/페이스북 페이지 게시글 업로드 • **오프라인 마케팅 실시** – 무료 커피 시음회 시행(활동 예정지 : 상가 앞 건널목) – 근처 기관 방문 및 홍보 – 수제청 체험 활동 및 고객 설문조사 상시 시행 – '짚신'팀과 제휴 및 연계활동 실시(협업) (부산관광호스텔에서 수제청 체험활동 클래스 진행) • **시설 및 환경개선 활동 실시** – 매장 내 청결활동 진행 ＊ 8월 활동 중간점검 및 자체 피드백
	14차	2017.08.14.~ 2017.08.20.	• **온라인 마케팅 실시** – ○○커피 블로그 포스팅/페이스북 페이지 게시글 업로드 • **오프라인 마케팅 실시** – 무료 커피 시음회 시행(활동 예정지 : 상가 앞 건널목) – 수제청 체험 활동 및 고객 설문조사 상시 시행 • **시설 및 환경개선 활동 실시** – 매장 내 청결활동 진행 – 소상공인 플리마켓 참여 및 운영(2017.08.19 예정) – 8월 달별 추첨이벤트, 설문조사를 통해 얻은 고객정보 엑셀파일에 기입 • **8월 매출 파악 및 성과 분석/활동 최종점검**
	15차	2017.08.21.~ 2017.08.27.	• **최종 결과 보고서 작성 및 제출** – 새가게운동 활동마무리 기념 동행팀 단합MT 예정(포항 하옥계곡)

◀시음회행사

포장메뉴개선 ▶
및 아이디어 회의

◀설문 및 수요조사

수제청 체험활동 ▶

[서식4] MBO 성과측정

목표관리법(MBO: Management by Objective)에 의한 성과측정

지표[1]	성과평가 기준[2]	현재 현황 (1-10 scale)[3]	목표수립 (1-10 scale)[3]	업주 확인[a] (자필서명)
① 매출향상	매출액 증가율	1	4	
	〈참고 1〉			
② 온라인 마케팅활동	공식 블로그 포스팅 횟수	1	9	
	페이스북 페이지 '좋아요' 및 게시글 공유 횟수			
	지역신문 게시			
	〈참고 2〉			
③ 오프라인 마케팅활동	행사활동(수제청 체험, 시음회, 근처 기관방문 및 홍보)	1	9.3	
	달별 추첨이벤트 행사 포스터 제작 및 실시			
	고객 설문조사			
	'맘씨비누(시너지)'팀과 제휴 및 연계활동(협업)			
	업체 내부 도서 배치			
	'짚신'팀과 제휴 및 연계활동 실시(협업)			
	〈참고 3〉			
④ 시설 및 환경개선	매장 청결활동	1	10	
	메뉴판 개선(메인 카운터 메뉴판/테이블용 메뉴판)			
	카운터 아크릴판용 포스터 제작 (디저트 메뉴/추천 세트메뉴/할인정보)			
	메뉴판을 가리는 카운터 여닫이문 제거 및 커튼으로 교체			
	고객관리용 엑셀파일 제작(고객 리스트) 및 정보 기입			
	고객관리용 네이버주소록 고객망 구축			
	〈참고 4〉			

① 매출향상

〈참고 1〉매출향상 성과 기준표

매출액 증가율   ▨ : 현재, ▨ : 목표

scale	1	2	3	4	5	6	7	8	9	10
매출 증가율	0 ~10%	10 ~20% 미만	20 ~30% 미만	30 ~40% 미만	40 ~50% 미만	50 ~60% 미만	60 ~70% 미만	70 ~80% 미만	80 ~90% 미만	90 ~100% 미만

저희 팀은 매출 증가율의 목표를 scale 4로 설정하였습니다. 가장 정확한 비교 방법인 전년도 7~8월과 금년도 7~8월의 동기간 매출액을 비교하여 매출 증가율을 설정 및 도달할 예정입니다. 기존 6월달의 경우 대학생 기말고사 기간임을 고려하여 활동성과가 미미할 것이라 예상, 실질적인 매출의 변화는 7~8월에 생길 것이라는 예상을 하여 7~8월을 비교하는 것으로 방향성을 잡았습니다.

▶ 과정 : 업체의 일차적인 목표인 흑자전환을 위한 온·오프라인 마케팅활동, 시설 및 환경개선 세부계획 수립 및 활동 개시

▶ 결과 : 전년도 7, 8월 평균 매출 4,735,600원 대비 금년도 7, 8월 평균 매출 6,250,900원으로 약 32% 증가(약 1,515,300원 증가)

　　　기존 MBO 성과 기준목표 Scale 4 달성

② 온라인 마케팅활동

〈참고 2〉온라인 마케팅활동 성과 기준표

'○○커피' 공식 블로그 게시물 포스팅 횟수   ▨ : 현재, ▨ : 목표

scale	1	2	3	4	5	6	7	8	9	10
포스팅 횟수	0~ 3회	4~ 6회	7~ 9회	10~ 12회	13~ 15회	16~ 18회	19~ 21회	22~ 24회	25~ 27회	28 ~30회

저희 팀은 온라인 마케팅활동에서 가장 우선시 하는 항목을 블로그 마케팅으로 정하였습니다. 먼저, ○○커피는 공식 블로그 개설이 되어 있으나 운영되지 않고 있음 SNS마케팅이 전혀 이루어지지 않고 있습니다. 그러므로 ○○커피만의 공식 블로그 재개설 후 매장위치, 분위기, 메뉴, 행사 등의 포스팅을 할 계획입니다. 또한 블로그 방문자들에게 ○○커피만의 스토리를 알리기 위해 공동창업자인 세 분의 사장님의 인터뷰 내용과 ○○커피 탄생배경 등의 내용을 포스팅할 계획입니다.

'○○커피' 페이스북 페이지 '좋아요' 및 게시글 공유 횟수   ▨ : 현재, ▨ : 목표

scale	1	2	3	4	5	6	7	8	9	10
'좋아요' 및 게시글 공유 횟수	0~ 50개	51~ 100개	101~ 150개	151~ 200개	201~ 250개	251~ 300개	305~ 350개	351~ 400개	401~ 450개	451~ 500개

요즘 젊은 층의 사람들이 많이 이용하는 SNS 중 하나가 페이스북입니다. 최근 페이스북 게시물의 '좋아요'와 공유 게시

물을 보고 맛집과 분위기 좋은 카페를 찾아다니는 젊은 층들이 많습니다. ○○커피는 SNS마케팅이 전혀 이루어지지 않고 있으므로 ○○커피 페이스북 페이지를 개설 후 블로그 마케팅과 마찬가지로 매장위치, 메뉴, 분위기, 행사 등의 내용을 게시하여 젊은 연령대 고객유입을 활성화할 계획입니다. 목표치는 scale 7인 305~350개로 설정하였습니다.

지역신문 게시

scale	1	5	10
지역신문 게시 횟수	게시 이력이 없음	1회 게시	2회 게시

지역 신문은 동네 주민들의 이목을 집중시키고, 업체 존재를 각인 시킬 수 있는 좋은 홍보 수단입니다. ○○커피의 경우 주민들의 접근성이 좋은 편이 아니라 존재 유무를 모르는 지역 주민들이 많습니다. 그렇기 때문에 지역신문 게시는 지역주민들에게 ○○ 카페의 존재 자체에 대해 알리고, 타 프렌차이즈 업체와는 다른 차별화된 메뉴나 맛, 분위기 등을 적극적으로 알릴 수 있는 좋은 기회입니다. 신문이라는 특성상 여러 차례 게시하는데 한계가 있기에 목표치를 SCALE 10인 2회로 설정하였습니다

▶ 과정 : 온라인 마케팅활동을 통한 ○○커피 홍보(SNS홍보채널, 인터넷신문기고)

▶ 결과 : • 공식블로그 운영 — 업체홍보 및 인지도 상승(http://blog.naver.com/damso-2)

　　　　　기존 MBO 성과 기준목표 Scale 10 달성(28회 포스팅)

　　　　• '○○커피' 공식 페이스북 페이지 개설—https://www.facebook.com/DamsoCoffee

　　　　　기존 MBO 성과 기준목표 Scale7에 해당하는 페이지 '좋아요' 310개 달성

　　　　• 주기사내용으로 작성하여 새가게운동을 전개하고 있는 복지TV부울경방송과 부산, 경상도를 대표하는 인터넷 신문인 부경신문

　　　　http://www.bknews.co.kr/news/articleView.html?idxno = 2655(부경신문)

　　　　http://www.wbcb.co.kr/news/articleView.html?idxno = 47351(복지TV부울경방송)

　　　　　Scale 10에 해당하는 지역신문 투고 2회 달성

③ 오프라인 마케팅활동

〈참고 3〉 오프라인 마케팅활동 성과 기준표

행사 활동(수제청 체험활동, 무료 커피시음회, 주변 기관 방문 및 홍보)　　　　　: 현재, 　　 : 목표

scale	1	2	3	4	5	6	7	8	9	10
행사 횟수	0~2회	3~4회	5~6회	7~8회	9~10회	11~12회	13~14회	15~16회	17~18회	19~20회

고객 설문조사(시음회 고객용/업체방문 고객용)　　　　　　　　　　　: 현재, 　　　: 목표

scale	1	2	3	4	5	6	7	8	9	10
설문조사 (명)수	0~ 50명	51~ 100명	101~ 150명	151~ 200명	201~ 250명	251~ 300명	301~ 400명	401~ 450명	451~ 500명	501~ 600명

○○커피 '달별 추첨이벤트 행사' 기획 및 포스터 제작

scale	1	10
추첨이벤트 행사 기획 및 포스터 제작	기존 달별 추첨이벤트 행사를 진행하지 않았고 사용하던 포스터가 없음	달별 행사 기획 포스터 제작 및 부착

'맘씨비누(시너지)'팀과 제휴 및 연계활동 실시(협업)

scale	1	10
○○커피의 커피가루를 활용한 천연커피비누 제작 및 홍보	기존 새가게운동 타 팀과 제휴 및 연계활동을 실시하지 않음	맘씨비누(시너지) 팀과 제휴 및 연계활동을 실시하여 ○○커피에서 커피가루를 제공, 맘씨비누는 커피가루를 활용하여 천연커피비누 제작 후 ○○커피에 배치

업체 내부공간을 활용하여 '도서'를 배치(북카페 벤치마킹)

scale	1	10
○○커피 업체 내부 도서 배치	기존 업체 내부에 도서가 배치되어 있지 않음	업체 내부의 일부 공간을 활용하여 다양한 카테고리의 도서를 배치하여 업체 방문 시 고객들이 자유롭게 책을 대여할 수 있도록 함

▶ 과정 : 온라인 마케팅활동을 통한 ○○커피 홍보

▶ 결과 ·• 수제청 체험활동, 무료 시음회, 주변기관 방문 및 홍보

　　　　　• 고객설문조사 진행

　　　　　• 추첨행사 기획, 포스터제작 시행

　　　　　• 타 업체와의 협업 및 제휴 활동 진행

④ 시설 및 환경개선 성과 기준표

〈참고 4〉 **시설 및 환경개선 성과 기준표**

매장 청결활동　　　　　　　　　　　　　　　　　　　: 현재, 　　　: 목표

scale	1	2	3	4	5	6	7	8	9	10
청결활동 횟수	0~1회	2회	3회	4회	5회	6회	7회	8회	9회	10회

메뉴판 개선(메인 카운터 메뉴판/테이블용 메뉴판)

scale	1	10
메뉴판 개선	기존 메뉴판	신메뉴판 제작 (메인 카운터/테이블용 메뉴판)

카운터 아크릴판용 포스터 제작(디저트 메뉴/추천 세트메뉴/할인정보)

scale	1	10
카운터 아크릴판용 포스터 제작	기존 카운터에 아크릴판용 포스터가 없음	주문 카운터에 아크릴판용 포스터를 제작하여 배치 (디저트 메뉴/추천 세트메뉴/할인정보 기재)

메뉴판을 가리는 카운터 여닫이문 제거 및 커튼으로 교체

scale	1	10
카운터 여닫이문 제거 및 커튼으로 교체	기존에 카운터로 진입하는 여닫이문이 메뉴판의 일부를 가려 방문고객들의 메뉴판 가독성이 떨어짐	메뉴판의 일부를 가리는 여닫이문을 제거하고 커튼으로 교체

고객관리용 엑셀파일 제작(고객 리스트) 및 정보 기입

scale	1	10
고객관리용 엑셀파일 제작 (고객 리스트)	기존 고객관리 프로그램이 없음	엑셀을 활용하여 고객의 개인정보를 기입할 수 있는 고객관리용 파일 제작 (고객 리스트)

고객관리용 네이버주소록 고객망 구축

scale	1	10
네이버주소록 고객망 구축	기존 네이버주소록 고객망이 구축되어 있지 않음	네이버주소록을 활용하여 고객 이름, 연락처 등을 저장하여 ○○커피만의 고객망 구축

▶ 과정 : 환경개선 및 청소, 일손지원, 경영개선 활동지원

▶ 결과 : • 매뉴판 개선, 카운터 아크릴판용 포스터 제작 등

　　　　 • 고객관리를 위한 고객DB 정리 작업

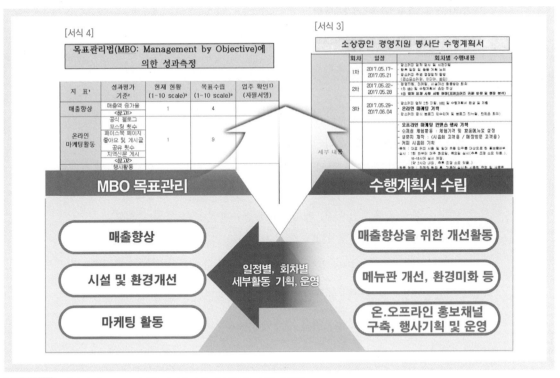

그림 3-4 [서식 4] MBO 성과측정과 [서식 3] 봉사단 수행계획서

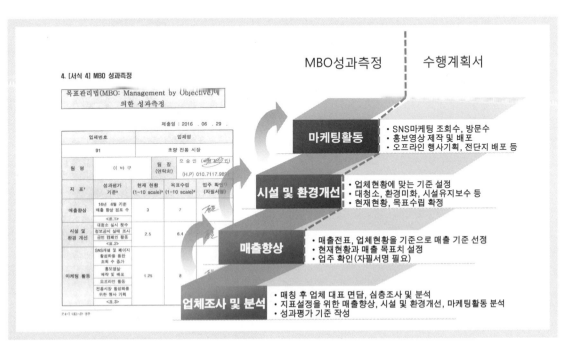

그림 3-5 [서식 4] MBO 성과측정

2) 봉사활동 대장 및 일지 작성법

수행계획서에 의해서 계획된 내용을 실행에 옮기는 작업으로 실질적 실행을 기록한다.

(1) 봉사시간 기재요령

① 봉사활동일지 : 주 단위 수행계획서 작성한 내용을 1일 단위로 작성한 내용

② 온라인(SNS)활동일지 : 온라인 마케팅활동을 기재한다.
- 페이스북 페이지, 그룹, 블로그, 인스타그램, 유튜브 동영상 업로드 등
- 같은 내용으로 채널별로 업로드, 공유하는 것은 1건으로 인정한다.
  (예시 : 블로그 포스팅 이후, 페이스북에 공유하면 1건으로만 인정함)
- 같은 내용으로 채널별로 업로드하는 경우 인정되는 예외 사항
  (예시 : 카드뉴스(8~10장)를 제작하여 블로그와 유튜브 동영상 업로드 시 2건으로 인정)

③ 봉사활동대장 : 오프라인 봉사활동과 온라인 마케팅활동 봉사시간을 종합적으로 기록

④ 온라인 SNS활동일지는 팀원별로 각각 제출한다.

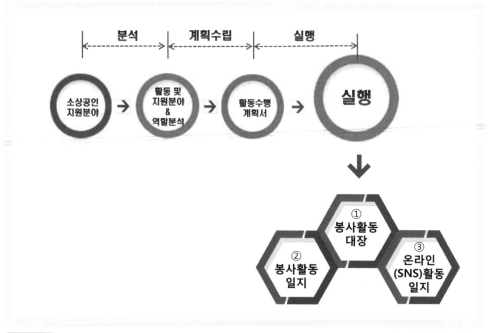

그림 3-6 ▶ 봉사활동 대장 및 일지 작성법 로드맵

1 캡스톤디자인의 의의

5. 봉사활동일지

그림 3-7 봉사활동일지

(2) 봉사활동 일지 및 대장 기재요령

1인 봉사활동 내용을 '봉사활동일지'에 기록하고 주 단위로 '봉사활동대장'에 시간을 기재한다.

① 봉사활동 실행일을 봉사활동대장에 기입한다.

② '봉사활동일지'의 각각의 팀원들의 봉사시간을 '봉사활동대장'에 각 팀원별로 기재한다.

③ 봉사활동대장의 개인의 합계는 주단위로 누적된 봉사시간을 기재한다.

④ 반드시 업주서명을 받아야 인정한다.

⑤ 봉사시간 확인일에 협회 확인을 꼭 받아야 한다.

2 새 가게운동(문제해결형)의 의의

3 새 가게운동 실시

4 캡스톤디자인 진행

53

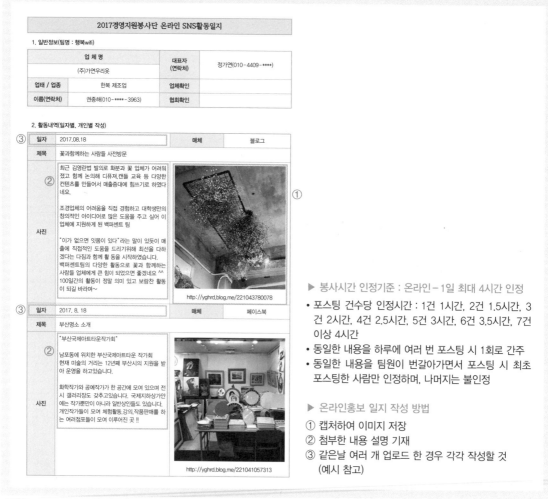

그림 3-8 ▶ 온라인(SNS)활동일지 기재요령 설명도

④ 새가게운동 중요 서식 작성 예시

새가게운동을 수행해나가는 데 있어서 학생들이 작성해야 하는 서식 중 특히 중요한 [서식 3] 봉사단 수행계획서와 [서식 4] MBO 성과측정을 작성하는 방법을 예시를 통하여 보여준다.

1) A팀

[서식 3] 봉사단 수행계획서

소상공인 경영지원 봉사단 수행계획서

제출일 : 2017. 05. 31.

업체명	○○○		팀명	행복wifi
대표자 성명	○○○ (서명)		팀장	○○○ (서명)
업주명	○○○ (서명 또는 인)		팀장 연락처	
업체연락처			팀원	○○○, ○○○, ○○○

	회차	일정	회차별 수행내용
세부 내용	1	6월 25일	(주)○○우리옷의 블로그, 인스타그램, 페이스북의 마케팅 계획 회의, 서류정리
	2	6월 26일 ~7월 2일	블로그, 인스타그램, 페이스북을 통한 게시물 게시, 원단 정리 및 쇼핑몰 운영 시작
	3	7월 3일 ~7월 9일	활동계획서 재점검 및 2차 MBO 작성, 지속적인 SNS 업데이트를 통한 홍보, 쇼핑몰 관리, 가게 내부 정리
	4	7월 10일 ~7월 16일	SNS(블로그, 인스타그램, 페이스북) 홍보 점검 및 개선, 쇼핑몰 운영 점검
	5	7월 17일 ~7월 23일	가게 내부 청소 및 원단 정리, SNS를 활용한 홍보 진행, 쇼핑몰의 지속적인 운영
	6	7월 24일 ~7월 30일	SNS를 통해 홍보 진행, 쇼핑몰 운영 및 점검, 가게의 청소 및 원단 정리
	7	7월 31일 ~8월 6일	SNS의 새로운 콘텐츠 기획 회의, 블로그, 인스타그램, 페이스북의 피드백 점검 개선, 쇼핑몰 운영
	8	8월 7일 ~8월 13일	가게의 원단 정리, 서류 정리, 가게 내부 청소, SNS 운영 및 쇼핑몰 운영
	9	8월 14일 ~8월 20일	블로그, 인스타그램, 페이스북 점검 및 개선 사항 반영, SNS메뉴얼 및 쇼핑몰 매뉴얼 작성
	10	8월 21일 ~8월 27일	SNS를 통한 홍보활동, 가게 내부 점포 정리, 매출 현황 파악 및 최종 보고서 작성

* 새가게운동 전체기간에 대한 계획 기재

* 공간이 부족할 경우 지면 추가 가능 (추가 지면은 2장 이내)

[서식 4] MBO 성과측정[8]

목표관리법(MBO : Management by Objective)에 의한 성과측정

제출일 : 2017. 05. 31.

업체명	○○○		팀명	행복wifi
대표자 성명	○○○		팀장	○○○
업체확인서명			팀원	

지표[1]	성과평가 기준[2]	현재 현황 (1-10 scale)[3]	목표수립 (1-10 scale)[3]	업주 확인[a] (자필서명)
쇼핑몰 운영을 통한 매출향상	〈참고 1〉 매출액 성과 기준표	1	6	
SNS 마케팅활동	〈참고 2〉 SNS를 이용한 마케팅활동 성과 기준표	1	6	
시설 및 환경 개선	〈참고 3〉 시설 및 환경 개선 성과 기준표	1	5	

＊ 협회에 제출
1. 필요 시 품질향상, 고객증대 등의 세부 항목을 마케팅활동에 포함시켜 할 수 있음
2. 성과평가 기준에 대한 설명 첨부
3. 지표 성과를 1-10 스케일로 지수화
a. 현재 현황과 목표수립에 대한 업주 확인을 스캔하여 제출

＊＊ 이후 변동이 불가피하게 있을 경우 협회의 승인을 득하여 수정할 수 있다.
　이와 같은 경우 변경된 MBO 기준에 맞게 [서식 3]을 이에 맞게 수정하여 같이 제출한다.
　만약 임의로 변동하여 제출한 [서식 4]와 결과물이 맞지 않을 경우 감점 처리 대상이 된다.

① 〈참고 1〉 쇼핑몰 운영을 통한 매출향상 성과 기준표

쇼핑몰 운영을 통한 매출액 　　　　　　　　　　　　　　　　　　　　： 현재, ▨▨▨ ：목표

구분	1	2	3	4	5	6	7	8	9	10
매출액	0~ 100만 원 미만	100~ 200만 원 미만	200~ 300만 원 미만	300~ 400만 원 미만	400~ 500만 원 미만	500~ 600만 원 미만	600~ 700만 원 미만	700~ 800만 원 미만	800~ 900만 원 미만	900~ 1000만 원 미만

설명 현재 가게는 쇼핑몰이 개설만 되어 있고 운영을 전혀 진행하지 않았고, 열지도 않은 상태,
　　　계정만 존재하는 상태입니다. 저희는 그런 쇼핑몰을 운영을 도맡아 하며 매출액을 증가시

8　[서식 4]는 봉사단-업주-협회가 다 동의해야 한다.

킬 계획입니다. 위 기준표는 쇼핑몰 자체의 수입을 제시한 것으로 기획에서부터 운영까지 저희 팀이 직접 진행할 계획입니다.

② 〈참고 2〉 SNS 마케팅활동 성과 기준표

블로그, 인스타그램, 페이스북을 통한 마케팅   : 현재,   : 목표

구분	1	2	3	4	5	6	7	8	9	10
매출액	0~1회	2~3회	4~5회	6~7회	8~9회	10~11회	12~13회	14~15회	16~17회	18~19회

설명 현재 가게는 아무런 홍보가 이루어지고 있지 않은 상황입니다. SNS 계정은 개설되어 있지만 홍보글 등이 올라와 있지 않은 관계로 주당 평균 게시물로 기준을 정해보았으며 다양한 주제로 홍보 게시물을 업로드할 예정입니다. 쇼핑몰 주소도 함께 업로드하는 형식으로 연동시켜 홍보할 예정입니다. 또한 블로그, 인스타그램, 페이스북을 다 연동하여 다양한 주제 및 방식으로 사람들에게 노출되는 빈도를 높일 예정입니다. 현재 목표는 scale 6입니다.

③ 〈참고 3〉 시설 및 환경 개선 성과 기준표

원단 정리 및 청소   : 현재,   : 목표

구분	1	2	3	4	5	6	7	8	9	10
청소 횟수	0~1회	2회	3회	4회	5회	6회	7회	8회	9회	10회

설명 가게가 이전 후 아직 정리가 되지 않아 원단 정리가 절실한 시점입니다. 가게 내부에는 원단이 정리되지 않아 공간의 활용도가 매우 낮으며 복잡한 구조를 가지고 있습니다. 저희는 사장님을 도와 지시에 따라 가게 내부의 원단 정리를 진행할 예정이며 가게 내부의 정리와 함께 청소를 하여 좀 더 깨끗하고 정리된 느낌의 내부를 만들도록 노력하겠습니다. 현재 목표는 scale 5입니다.

2) B팀

[서식 3] 봉사단 수행계획서

소상공인 경영지원 봉사단 수행계획서

제출일 : 2017. 05. 31.

업체명	○○○		팀명	짚신
대표자 성명	○○○ (서명)		팀장	○○○ (서명)
업주명	○○○ (서명 또는 인)		팀장 연락처	
업체연락처			팀원	○○○, ○○○, ○○○

세부 내용	회차	일정	회차별 수행내용
	1	5월 22일~ 5월 28일	MBO 및 수행계획서 작성
	2	5월 29일~ 6월 4일	인테리어 업체와 미팅
	3	6월 5일~ 6월 11일	마케팅 수업, SNS마케팅 시작(페이스북, 인스타그램, 카카오스토리, 블로그)
	4	6월 26일~ 7월 2일	인테리어 마무리 및 대청소, 주도로에 입간판 설치
	5	7월 3일~ 7월 9일	서명운동 · 설문지 작성 및 조사 시작
	6	7월 10일~ 7월 16일	프로그램 운영준비 - 지역주민과 함께하는 프로그램 제작하고 세부 계획 정하기, 참여자 모집 - 텃밭 가꾸기, 영화상영 준비
	7	7월 17일~ 7월 23일	지역주민과 함께하는 프로그램 1(토피어리)
	8	7월 23일~ 7월 30일	지역주민과 함께하는 프로그램 2(베이킹 클래식) 서명운동&설문지 조사 중간점검, 설문지 토대로 개선방안 마련
	9	7월 31일~ 8월 6일	지역주민과 함께하는 프로그램 3(쿠킹 클래스), 7월 매출 파악
	10	8월 7일~ 8월 13일	지역주민과 함께하는 프로그램 4(다문화 체험)
	11	8월 14일~ 8월 21일	서명운동&설문지 취합
	12	8월 22일~ 8월 31일	8월 매출 파악, 개선점 의논, 활동정리, 최종 결과 보고서 작성

[서식 4] MBO 성과측정[9]

목표관리법(MBO : Management by Objective)에 의한 성과측정

제출일 : 2017. 05. 31.

업체명	○○○		팀명		짚신
대표자 성명	○○○		팀장		○○○
업체확인서명			팀원		
지표[1]	성과평가 기준[2]	현재 현황 (1-10 scale)[3]	목표수립 (1-10 scale)[3]		업주 확인[a] (자필서명)
매출향상	현재 매출액	2	6		
	매출액 증가율	1			
	〈참고 1〉				
시설 및 환경 개선	청소 횟수	3	7		
	인테리어 개선	1	7		
	실태조사	1	8		
	서명운동	1	7		
	〈참고 2〉				
마케팅활동	SNS 개설 및 게시물 수	1	4.5		
	SNS 사이트 성과	1	6		
	〈참고 3〉				

* 협회에 제출
1. 필요 시 품질향상, 고객증대 등의 세부 항목을 마케팅활동에 포함시켜 할 수 있음
2. 성과평가 기준에 대한 설명 첨부
3. 지표 성과를 1-10 스케일로 지수화
a. 현재 현황과 목표수립에 대한 업주 확인을 스캔하여 제출

** 이후 변동이 불가피하게 있을 경우 협회의 승인을 득하여 수정할 수 있다.
　이와 같은 경우 변경된 MBO 기준에 맞게 [서식 3]을 이에 맞게 수정하여 같이 제출한다.
　만약 임의로 변동하여 제출한 [서식 4]와 결과물이 맞지 않을 경우 감점 처리 대상이 된다.

9 　[서식 4]는 봉사단-업주-협회가 다 동의해야 한다.

① 〈참고 1〉 매출향상 성과 기준표

현재 매출액　　　　　　　　　　　　　　　　　　　　　　　　　　　　　: 현재, ▨▨ : 목표

구분	1	2	3	4	5	6	7	8	9	10
매출액	100 ~200	200 ~300	300 ~400	400 ~500	500 ~600	600 ~700	700 ~800	800 ~900	900 ~1000	1000 이상

설명 2016년 성수기 대비(6~8월) 매출액의 2배가 되는 것을 목표로 성과 기준표를 작성했습니다.

2016년 대비 매출액 증가율　　　　　　　　　　　　　　　　　　　　　　　: 현재, ▨▨ : 목표

구분	1	2	3	4	5	6	7	8	9	10
매출액 증가율	0 ~20%	20 ~40%	40 ~60%	60 ~80%	80 ~100%	100 ~120%	120 ~140%	140 ~160%	160 ~180%	180 ~200%

설명 2016년 성수기 대비(6~8월) 매출 증가율을 매출향상 성과 기준표로 잡았습니다.

② 〈참고 2〉 시설 및 환경 개선 성과 기준표

청소 횟수　　　　　　　　　　　　　　　　　　　　　　　　　　　　　　　: 현재, ▨▨ : 목표

구분	1	2	3	4	5	6	7	8	9	10
청소 횟수	0~ 10회	10~ 20회	20~ 30회	30~ 40회	40~ 50회	50~ 60회	60~ 70회	70~ 80회	80~ 90회	90~ 100회

설명 청소 횟수를 성과평가 기준으로 정하였습니다. 현재는 손님이 이용한 객실 청소만이 이루어지고 있는데 앞으로는 바비큐장, 1층 다목적룸, 옥상 등 청소가 필요한 장소도 늘어나고 이용하는 손님의 수가 증가함에 따른 객실 청소의 횟수도 증가할 것입니다.

인테리어 개선　　　　　　　　　　　　　　　　　　　　　　　　　　　　　: 현재, ▨▨ : 목표

구분	1	2	3	4	5	6	7	8	9	10
인테리어 개선	0회	1회	2회	3회	4회	5회	6회	7회	8회	9회

설명 인테리어 개선을 성과평가 기준으로 정하였습니다. 1층 다목적룸 벽면 페인트칠 1회, 가구 재배치 1회, 소품추가 2회, 입구꾸미기 1회 등을 목표로 하고 있습니다.

実태조사 → 실태조사

실태조사   : 현재, ▢▢▢▢ : 목표

구분	1	2	3	4	5	6	7	8	9	10
실태 조사	0~5회	5~10회	10~15회	15~20회	20~25회	25~30회	30~35회	35~40회	40~45회	45~50회

설명 가게에 방문하는 손님을 대상으로 만족도(편안함, 접근성, 청결도 등)를 조사한 후, 조사 결과를 가게 운영에 참고할 것입니다.

서명운동   : 현재, ▢▢▢▢ : 목표

구분	1	2	3	4	5	6	7	8	9	10
서명 운동	0~ 150명	150~ 300명	300~ 450명	450~ 600명	600~ 750명	750~ 900명	900~ 1050명	1050~ 1200명	1200~ 1350명	1350~ 1500명

설명 송정 해수욕장 접근성을 높이기 위한 동해 남부선 배차간격을 줄이기 위해 송정동 주민과 관광객을 대상으로 서명을 받아낼 것입니다.

③ 〈참고 3〉 마케팅활동 성과 기준표

SNS 개설 및 게시물 수   : 작년 게시물 수, ▢▢▢▢ : 6, 7, 8월 목표 게시물 수

구분	1	2	3	4	5	6	7	8	9	10
페이스북	0~5	6~10	11~15	16~20	21~25	26~30	31~35	36~40	41~45	45~50
인스타 그램	0~5	6~10	11~15	16~20	21~25	26~30	31~35	36~40	41~45	45~50
블로그	0~5	6~10	11~15	16~20	21~25	26~30	31~35	36~40	41~45	45~50
카카오 스토리	0~5	6~10	11~15	16~20	21~25	26~30	31~35	36~40	41~45	45~50

목표관리법에 의한 성과측정표의 마케팅 목표수립란은 페이스북, 인스타그램, 블로그, 카카오스토리 순서로 나열되어 있음

설명 페이스북, 인스타그램, 블로그, 카카오스토리 각각 하나씩 조원들이 맡아 게시물을 올리는 횟수를 측정하였습니다.(페이스북은 기존 계정을 사용하여 활성화시키고, 나머지 SNS는 계정을 새로 개설함)

SNS 사이트 성과 　　　　　　: 작년 '좋아요', 공유, 댓글 등을 더한 값, 　　　　: 6, 7, 8월 목표 성과 값

구분	1	2	3	4	5	6	7	8	9	10
페이스북	0~100	100~200	200~300	300~400	400~500	500~600	600~700	700~800	800~900	900 이상
인스타 그램	0~50	50~100	100~150	150~200	200~250	250~300	300~350	350~400	400~450	450 이상
블로그	0~100	100~200	200~300	300~400	400~500	500~600	600~700	700~800	800~900	900 이상
카카오 스토리	0~20	20~40	40~60	60~80	80~100	100~120	120~140	140~160	160~180	180 이상

설명 페이스북은 '좋아요'수와 '공유횟수'누적을 합한 값, 인스타그램은 '좋아요'수와 '댓글개수'누적을 합한 값, 블로그는 '누적 조회수'와 '댓글개수'를 합한 값, 카카오스토리는 '좋아요'수와 '댓글개수'를 합한 값입니다.

3) C팀

소상공인 경영지원 봉사단 수행계획서

제출일 : 2017. 05. 31.

업체명	OOO		팀명	안녕, 나흘
대표자 성명	OOO (서명)		팀장	OOO (서명)
업주명	OOO (서명 또는 인)		팀장연락처	
업체연락처			팀원	OOO, OOO, OOO

	회차	일정	회차별 수행내용
세부 내용	1차	5월 16일~ 5월 31일	업주와 첫 만남(사전미팅), 향후 활동 계획 논의 , 마케팅 방법 의논 (타깃팅 선정 & 어떤 SNS를 활용할지에 대한 것), 계획서와 MBO 성과 측정 작성, 오티 참석
	2차	6월 1일~ 6월 25일	**[가게 인테리어 논의 및 간단한 SNS 활동 시작]** - 가게 인테리어 아이디어를 위해 모던하우스 등 가구점이나 근처 다양한 카페 방문 후 사진촬영을 하여 사장님과 가게 인테리어 논의 및 아이디어 공유 - SNS(인스타그램 등)에 다양한 일상 게시글[자연스럽게 방문자를 늘릴수 있는 방법] & 가게에 대한 SNS 활동 시작
	3차	6월 26일~ 6월 30일	**[본격적 마케팅활동 시작 및 가게 위치 홍보 & 내부 인테리어]** 1. 본격적 마케팅활동 시작 – SNS 계정 만들기(페이스북, 블로그 등) 2. 가게 위치 홍보 – 가게 위치가 번화가가 아닌 만큼 가게의 위치를 사진으로 찍어 위치 홍보를 철저하게 한다.
	4차	7월 1일~ 7월 7일	**[가게 내부 인테리어 논의 및 설문조사 실행]** - 가게 의자교체와 LED문구 삽입 등 가게 벽면 인테리어를 하고 싶다던 입주님의 의견을 반영하여 가게 인테리어에 대한 논의 후 이에 맞는 아이디어를 반영하여 가게 내부 인테리어 점검 - 업주가 원한 소비자층(20~30대 여성)을 위주로 젊은 여성층을 상대로 가게 메뉴에 대한 설문조사 실행(일본식 가정식 중 어떤 메뉴를 선호하는지 등)
	5차	7월 8일~ 7월 14일	**[가게 외부 인테리어 논의 및 설문조사 실행]** - 내부 인테리어뿐만 아니라 가게 외부에 간판 문구 삽입 및 외부 인테리어를 논의 후 이에 맞는 아이디어를 반영하여 가게 외부 인테리어 점검 및 가게 메뉴에 대한 설문조사 실행
	6차	7월 15일~ 7월 21일	**[가게 음식 홍보 – '예쁘고 분위기 있는 가게'로 이미지 메이킹!]** - 가게에 직접 방문하여 다양한 메뉴를 시켜 가게 대표 메뉴 소개 및 업주가 원한 소비자층(20~30대 여성)의 관심을 끌기 위하여 요즘 트렌드인 '예쁘고 분위기 있는 가게'로 글을 포스팅하여 홍보

	7차	7월 22일~ 7월 28일	**[○○○근처 카페 & 가게들을 함께 포스팅!]** - 망미역(수영구) 근처[가게 위치와 근접]에 요즘 SNS에서 반응이 좋은 카페들이 많아 이를 활용하여 자연스럽게 가게를 홍보하도록 한다. 또한 가게 근처에 다양한 가게(예쁜 꽃집, 도자기 가게) 등이 있어 이를 연관시킨다면 다양한 분야의 사람들에게 홍보가 가능할 것이라 예상
	8차	7월 29일~ 8월 4일	**[7월 매출 파악 및 개선 사항 논의]**
	9차	8월 5일~ 8월 11일	**[기관 방문 봉사활동]** - 기관 방문 봉사활동을 통해 기관 사람들에게 가게의 음식 제공하여, 봉사도 하면서 '○○○'가게 홍보 및 이미지 개선의 효과도 얻을 수 있을 것이라 예상
세부 내용	10차	8월 12일~ 8월 18일	**[가게 최종 정리 – 인테리어, 메뉴 등]** - 다양한 SNS 활동, 설문조사를 통하여 반응이 좋았던 메뉴와 좋지 않았던 메뉴를 최종 정리하고 인테리어도 마무리 작업에 들어가 가게를 최종 정비하는 시간을 가진다.
	11차	8월 19일~ 8월 25일	**[7~8월 매출 파악 및 개선 사항 논의]** - 활동을 마무리하면서 매출 개선이 되었는지 어떤 점을 논의하여야 하는지 업주님과 최종 정리하는 시간을 가진다.
	12차	8월 26일~ 8월 31일	**활동 정리 및 결과 보고서 작성**

＊ 새가게운동 전체 기간에 대한 계획 기재
＊ 공간이 부족할 경우 지면 추가 가능 (추가 지면은 2장 이내)

[서식 4] MBO 성과측정[10]

목표관리법(MBO : Management by Objective)에 의한 성과측정

제출일 : 2017. 05. 31.

업체명	○○○		팀명	안녕, 나흘
대표자 성명	○○○		팀장	○○○
업체확인서명			팀원	

지표[1]	성과평가 기준[2]	현재 현황 (1-10 scale)[3]	목표수립 (1-10 scale)[3]	업주 확인[a] (자필서명)
매출향상	〈참고 1〉 매출액	2	8	
마케팅활동	〈참고 2〉 네이버 블로그 게시물 포스팅	1	8	
시설 및 환경 개선	〈참고 3〉 인테리어 변경 개수	1	6	

* 협회에 제출
1. 필요 시 품질향상, 고객증대 등의 세부 항목을 마케팅활동에 포함시켜 할 수 있음
2. 성과평가 기준에 대한 설명 첨부
3. 지표 성과를 1-10 스케일로 지수화
a. 현재 현황과 목표수립에 대한 업주 확인을 스캔하여 제출

** 이후 변동이 불가피하게 있을 경우 협회의 승인을 득하여 수정할 수 있다.
　 이와 같은 경우 변경된 MBO 기준에 맞게 [서식 3]을 이에 맞게 수정하여 같이 제출한다.
　 만약 임의로 변동하여 제출한 [서식 4]와 결과물이 맞지 않을 경우 감점 처리 대상이 된다.

① 〈참고 1〉 매출향상 성과 기준표

매출액　　　　　　　　　　　　　　　　　　　　　　　　　　　　: 현재, ▨▨▨ : 목표

지표	세부내용	1	2	3	4	5	6	7	8	9	10
매출향상액 (전월대비)	단위 : 만원	0~ 100	100~ 200	200~ 300	300~ 400	400~ 500	500~ 600	600~ 700	700~ 800	800~ 900	900~ 1000

설명　가게는 현재 매출액(5월 기준)이 약 200만 원입니다. 하지만 창업한 지 6개월밖에 되지 않았고, 홍보가 덜 되어 있는 점을 감안하여 SNS 활동으로 홍보를 확실히 하여 목표 매출액 750만 원을 달성하기로 하였습니다.(약 3배 상승)

---

10 [서식 4]는 봉사단-업주-협회가 다 동의해야 한다.

② 〈참고 2〉 마케팅활동 성과 기준표

네이버 블로그 게시물 포스팅

지표	세부내용	1	2	3	4	5	6	7	8	9	10
온라인 홍보	네이버 블로그 게시물 포스팅 (단위 : 개수)	0~4	4~8	8~12	12~16	16~20	20~24	24~28	28~32	32~36	36~40

설명 가게 특성상 음식점인지라 오프라인 활동에 제약이 많습니다. 그래서 업주님과 논의해본 결과 온라인 활동에 주력하여 활동하기로 하였습니다. 하지만 온라인만 하는 것이 아니라 주변에 있는 다른 소상공인 업체들도 방문하여 서로서로 협력할 계획이 있으며 기관 방문 (봉사활동), 설문조사 등을 통해 가게 홍보에 힘쓸 것입니다.

▶ 업주님과 논의 결과 저희 업체는 온라인 마케팅에 주력하는 전략이므로 지표산정에는 SNS 포스팅 개수[네이버 블로그 & 페이스북 기준]를 기준으로 산정하기로 하였습니다(인스타그램 제외 포스팅 개수).

▶ 네이버 블로그 & 페이스북 — 이 가게의 공식 계정을 만들 계획
인스타그램 — 사장님이 원래 사용하시던 계정은 가게에 대한 정보위주(메뉴, 휴일공지 등)로 올릴 것이며 사장님께서 상업적인 게시글보다는 일상적인 게시글 등을 통하여 자연스럽게 홍보하는 것을 원하셔서 저희팀(안녕, 나흘) 계정을 사용하여 가게에 대한 정보뿐만 아니라 다양한 일상적인 게시글(동종 업계 음식점 포스팅, 인테리어 등)도 포스팅하여 관리할 것입니다.

③ 〈참고 3〉 시설 및 환경 개선 성과 기준표

인테리어 변경 개수

지표	세부내용	1	2	3	4	5	6	7	8	9	10
시설 및 환경개선	인테리어 개선 (단위 : 변경 개수)	0~1	2	3	4	5	6	7	8	9	10

설명 저희 업체는 창업한 지 6개월밖에 되지 않았고, 사장님께서 혼자 가게를 운영하시기 때문에 가게 인테리어 아이디어가 부족하다고 하셨습니다. 그래서 가게 인테리어 정비에 중점을 두어 인테리어 변경 개수를 기준으로 산정하기로 하였습니다.

4) D팀

[서식 3] 봉사단 수행계획서

소상공인 경영지원 봉사단 수행계획서

제출일 : 2017. 05. 31.

업체명	OOO		팀명	부부동반
대표자 성명	OOO (서명)		팀장	OOO (서명)
업주명	OOO (서명 또는 인)		팀장연락처	
업체연락처			팀원	OOO, OOO, OOO

세부 내용	회차	일정	회차별 수행내용
	1	5월 12일	업체 방문 및 대표님 면담
	2	5월 26일	수행 계획, 진행 회의, MBO 작성
	3	6월 넷째 주	납품업체 방문 및 만족도 조사, SNS 게시물 포스팅, 커피 비품실 정리
	4	7월 첫째 주	지속적인 계약을 위한 홍보 활동, SNS 게시물 포스팅, 비품실 정리 및 인테리어 계획
	5	7월 둘째 주	SNS 게시물 포스팅, 납품 업체 방문 및 홍보, 교육실 부족한 비품 파악
	6	7월 셋째 주	SNS 게시물 포스팅, 교육실 비품 구매 및 배치, 납품업체 만족도 조사
	7	7월 넷째 주	비품실 인테리어 파악, 납품업체 만족도 조사, SNS 게시물 포스팅
	8	7월 다섯째 주	비품실 정리 시작, 지속적인 계약을 위한 홍보 활동, SNS 게시물 포스팅, 7월 매출 파악
	9	8월 첫째 주	지속적인 계약을 위한 홍보 활동, SNS 게시물 포스팅, 비품실 정리 및 인테리어 꾸미기
	10	8월 둘째 주	비품실 인테리어 관리, 납품업체 홍보 활동, SNS 게시물 포스팅
	11	8월 셋째 주	비품실 인테리어 완료, 납품업체 홍보 활동, SNS 게시물 포스팅
	12	8월 넷째 주	교육실 정리 완료, 지속적인 계약을 위한 홍보 활동, SNS 게시물 포스팅, 매출 및 보고서 최종 정리

＊새가게운동 전체기간에 대한 계획 기재

[서식 4] MBO 성과측정[11]

목표관리법(MBO : Management by Objective)에 의한 성과측정

제출일 : 2017. 05. 31.

업체명	○○○		팀명	부부동반
대표자 성명	○○○		팀장	○○○
업체확인서명			팀원	
지표[1]	성과평가 기준[2]	현재 현황 (1-10 scale)[3]	목표수립 (1-10 scale)[3]	업주 확인[a] (자필서명)
매출향상	〈참고 1〉	4	9	
마케팅활동	〈참고 2〉 온라인(개인)	1	7	
	〈참고 2〉 온라인(업체)	1	5	
	〈참고 3〉 오프라인	1	7	
시설 및 환경 개선	〈참고 4〉	1	6	

* 협회에 제출

　　　　1. 필요 시 품질향상, 고객증대 등의 세부 항목을 마케팅활동에 포함시켜 할 수 있음
　　　　2. 성과평가 기준에 대한 설명 첨부
　　　　3. 지표 성과를 1-10 스케일로 지수화
　　　　a. 현재 현황과 목표수립에 대한 업주 확인을 스캔하여 제출

** 이후 변동이 불가피하게 있을 경우 협회의 승인을 득하여 수정할 수 있다.
　　이와 같은 경우 변경된 MBO 기준에 맞게 [서식 3]을 이에 맞게 수정하여 같이 제출한다.
　　만약 임의로 변동하여 제출한 [서식 4]와 결과물이 맞지 않을 경우 감점 처리 대상이 된다.

① 〈참고 1〉 매출향상

　　　　　　　　　　　　　　　　　　　　　　　　: 현재, 　　　　　: 목표

지표	세부내용	1	2	3	4	5	6	7	8	9	10
매출 향상	단위 : 백만 원	78~ 81	81~ 84	84~ 87	87~ 90	90~ 93	93~ 96	96~ 99	99~ 102	102~ 105	105~

• 현재 2017년 3, 4, 5월 평균 매출액 → 9,000만 원

(실질적인 평가를 위해 5월 한 달간의 매출보다는, 새가게운동 전 3개월간의 매출 평균을 반영한다.)

---

11 [서식 4]는 봉사단-업주-협회가 다 동의해야 한다.

- 새가게 운동 활동 기간 7, 8월 평균 목표매출액 → 1억 500만 원(1,500만 원 상승)

  (본격적인 활동을 하는 기간의 매출을 평균화하여 실질적인 도움을 파악한다.)
- 활동 전 평균매출 대비, 활동 중 평균매출을 대비하여 목표달성 여부를 파악한다.

② 〈참고 2〉 마케팅 – 온라인(개인/업체)   : 현재,   : 목표

지표	세부내용	1	2	3	4	5	6	7	8	9	10
온라인 홍보활동 업로드 단위 : 개수	개인 (개인계정에 홍보글/활동내용 게시)	0~3	3~6	6~9	9~12	12~15	15~18	18~21	21~24	24~27	27~30
	업체 (업체계정으로 창업카페/홍보글 게시)	0~3	3~6	6~9	9~12	12~15	15~18	18~21	21~24	24~27	27~30

온라인 마케팅활동은 개인 SNS계정과 업체 SNS계정을 분리하여 평가한다.

- 개인 SNS계정에는 ○○○ 홍보글과 새가게운동 활동 내역을 지속적으로 게시하여 ○○
  ○을 홍보하는 것에 중점을 둔다. ○○○은 현재 방문 고객의 개인 SNS에 의해 광고가
  전혀 되지 않고 있는 실정이다. (개인 페이스북, 인스타그램, 블로그 → 업로드 수로 평
  가한다.)
- 업체 SNS계정은 운영 중인 페이스북 운영권을 위임받아 홍보글을 게시하고 관리하며,
  인스타그램은 계정이 없기 때문에 새로운 계정을 만들어 지속적인 포스팅으로 홍보 활
  동을 한다. 업체 페이스북은 사이트 존재만 할 뿐 운영되지 않는 상태이다. 또한 '카페
  예비 창업자 카페'에 ○○○ 홍보 및 소개 글을 삭성하여, 카페 칭입자들이 본 업체아 원
  두 납품을 고려할 수 있는 가능성을 제공한다.(업체 페이스북, 인스타그램, 창업카페 →
  업로드 수로 평가한다.)

③ 〈참고 3〉 마케팅 – 오프라인   : 현재,   : 목표

지표	세부내용	1	2	3	4	5	6	7	8	9	10
오프라인 방문 홍보	방문홍보/ 만족도 조사 단위 : 횟수	0~2	2~4	4~6	6~8	8~10	10~12	12~14	14~16	16~18	18~20

- 현재 납품하고 있는 업체에 커피디스커버리 만족도 조사를 실시한다. 만족도 조사 결과
  를 업체에 알려 납품 업체의 만족 요인은 상승, 불만족 요인은 해결함으로써 거래의 지

속성을 확보한다.

- 현재 거래하고 있지만, 다음 거래 여부가 불확실한 점포에 방문하여 거래가 성사되는데 도움이 되는 다양한 홍보활동을 제공한다. 커피 도매업이기 때문에 홍보활동을 하려면 커피에 대한 깊은 지식이 요구되므로 새로운 업체와의 연결보다는, 기존 업체와의 거래 지속성에 힘써주는 방문을 선호한다.

④ 〈참고 4〉 시설 및 환경 개선

: 현재, ▨▨▨ : 목표

지표	세부내용	1	2	3	4	5	6	7	8	9	10
시설 및 환경개선	방문 단위 : 횟수	0~2	2~4	4~6	6~8	8~10	10~12	12~14	14~16	16~18	18~20

- 시설 및 환경개선은 미흡한 점을 보충해준다. 커피 원두 도매, 바리스타 교육을 한다.(두 가지 모두에 도움을 주기로 함)
- 커피 원두 도매에서는 직원들이 업체와 계약하고 상담하기 바쁜 터라 비품실이 정돈이 되어 있지 않고, 꾸며져 있지 않아서 방문하여 개선하기로 했다.
- 바리스타 교육에서는 교육실의 정리정돈이나 필요한 부품파악 및 구매를 도와 교육실의 환경을 개선하기로 했다(평가는 방문 횟수로 실시한다).

5) E팀

[서식 3] 봉사단 수행계획서

소상공인 경영지원 봉사단 수행계획서

제출일 : 2017. 06. 08.

업체명	○○○	팀명	쿠키RUN
대표자 성명	○○○ (서명)	팀장	○○○ (서명)
업주명	○○○ (서명 또는 인)	팀장 연락처	
업체연락처		팀원	○○○, ○○○, ○○○

세부 내용	회차	일정	회차별 수행내용
	1	5월 28일	• MBO 1차 작성 및 업체와 첫 미팅
	2	6월 1주	• MBO 1차 작성 컨펌 경영봉사단 신청서 봉사단 수행계획서 작성
	3	6월 2주~4주	• 인스타 홍보글 업데이트 • 카카오톡 플러스친구 개설
	4	7~8월 매주 금요일	• 부경대학교 앞 플리마켓 오픈 행사
	5	7월 1주~2주	• 카페 메뉴 개설 • 예약문의 방법증설 게시판 꾸미기 • 주변 환경개선 (청소 화분 의자추가) • 설문지 조사지 만들기 설문조사 시작 • 학교 공문 보내기 온라인 홍보
	6	7월 3주~4주	• 설문지 1차 통계, 개선 확인 • 외국어 POP 제작 • 온라인 홍보
	7	8월 1주~2주	• 설문지 2차 통계, 개선 확인 • 추가 환경 개선(청소, 메뉴판) • 온라인 홍보
	8	8월 3주~4주	• 설문지 3차 통계, 개선 확인 • 온라인 홍보

＊ 새가게운동 전체기간에 대한 계획 기재

＊ 공간이 부족할 경우 지면 추가 가능 (추가 지면은 2장 이내)

[서식 4] MBO 성과측정[12]

목표관리법(MBO : Management by Objective)에 의한 성과측정

제출일 : 2017. 05. 29.

업체명	○○○		팀명	쿠키RUN
대표자 성명	○○○		팀장	○○○
업체확인서명			팀원	

지표[1]	성과평가 기준[2]	현재 현황 (1-10 scale)[3]	목표수립 (1-10 scale)[3]	업주 확인[a] (자필서명)
매출향상	〈참고 1〉 2017년 6월 이전 매출액 대비 증가 매출액	4	6	
경영지원	〈참고 1-2〉 카카오플러스친구 (친구수)	1	6	
	메뉴 개선	1	2	
시설 및 환경 개선	〈참고 2〉 화분 및 테이블 개선	1	3	
오프라인 마케팅활동	〈참고 3〉 부경대 앞 프리마켓	1	5	
	학교 공문발송	1	6	
	외국어 메뉴판, 외국어 POP제작	1	5	
온라인 홍보	〈참고 4〉 네이버 블로그	1	4	
	인스타그램	1	8	
	페이스북	1	7	
	카카오 플러스 친구	1	4	

* 협회에 제출
1. 필요 시 품질향상, 고객증대 등의 세부 항목을 마케팅활동에 포함시켜 할 수 있음
2. 성과평가 기준에 대한 설명 첨부
3. 지표 성과를 1-10 스케일로 지수화
a. 현재 현황과 목표수립에 대한 업주 확인을 스캔하여 제출

** 이후 변동이 불가피하게 있을 경우 협회의 승인을 득하여 수정할 수 있다.
　　이와 같은 경우 변경된 MBO 기준에 맞게 [서식 3]을 이에 맞게 수정하여 같이 제출한다.
　　만약 임의로 변동하여 제출한 [서식 4]와 결과물이 맞지 않을 경우 감점 처리 대상이 된다.

---

12 [서식 4]는 봉사단-업주-협회가 다 동의해야 한다.

① 〈참고 1〉 매출향상

지표	세부내용	1	2	3	4	5	6	7	8	9	10
매출향상 (전월대비)	단위 : 만원	0~ 100	100~ 150	150~ 200	250~ 300	350~ 4000	450~ 500	550~ 600	650~ 700	750~ 800	850~ 900

설명 현재매출액(4월 기준) 약 300만 원, 목표 매출액 800~1000만 원으로 상승, 현재 관광지 활성화, 타깃층 변경으로 목표에 맞는 전략을 선택하여 매출을 높이기로 협의하였습니다.

② 〈참고 1-2〉 경영지원

지표	세부내용	1	2	3	4	5	6	7	8	9	10
운영환경 개선	카카오 플러스친구 (단위 : 친구수)	0~10	10~15	20~25	25~30	35~40	45~50	55~60	65~70	75~80	85~90

지표	세부내용	1	2	3	4	5	6	7	8	9	10
운영환경 개선	메뉴개선 (단위 : 개수)	0~5	5~10	10~15	15~20	25~30	35~40	45~50	55~60	65~70	75~80

설명 • 쿠키 만들기가 전화 예약제로 운영되고 있는데 예약의 폭을 카카오 플러스친구로 넓일 예정입니다. 플러스친구에 홍보글을 작성하는 부분에 글을 작성하여 홍보하고 친구수 를 늘려 활성화시킬 예정입니다. 지표의 기준은 친구수로 두겠습니다.
• 메뉴의 선택 폭을 넓이기 위해 메뉴개선 및 메뉴판 변경을 협의하였습니다. 카페인데도 불구하고 아이스아메리카노, 카페라떼만 판매하고 있습니다. 다양한 카페메뉴를 증가 하여 카페음료의 활성화 계획에 있습니다.

③ 〈참고 2〉 시설 및 환경 개선

지표	세부내용	1	2	3	4	5	6	7	8	9	10
시설 및 환경개선	화분 및 테이블 개선 (단위 : 설치 개수)	0~3	3~6	6~9	9~12	12~15	15~18	18~21	21~24	24~27	27~30

설명 화분 및 테이블 개선 — 현재 업체 주변의 테이블 개수 변경을 업체와 협의하였습니다.

④ 〈참고 3〉 오프라인 마케팅활동 :현재, ▨:목표

지표	세부내용	1	2	3	4	5	6	7	8	9	10
오프라인 마케팅	박람회 및 부경대 프리마켓 (단위 : 활동수)	0~5	5~10	10~15	15~20	20~25	25~30	35~40	40~45	45~50	50~55

지표	세부내용	1	2	3	4	5	6	7	8	9	10
오프라인 마케팅	초,중 학교 방과후 공문발송 (단위 : 발송개수)	0~5	5~10	10~15	15~20	20~25	25~30	35~40	40~45	45~50	50~55

지표	세부내용	1	2	3	4	5	6	7	8	9	10
오프라인 마케팅	외국어 홍보 POP 제작 (단위 : 제작개수)	0~5	5~10	10~15	15~20	20~25	25~30	30~35	35~40	40~45	45~50

설명 • 시민공원에서 시행하는 박람회 및 부경대 플리마켓 운영. 플리마켓은 6월부터 매주 금요일 쿠키 판매 및 오프라인 홍보 활동 예정입니다.
• 교육부에서 시행하는 진로체험 꿈길에 방과후 사업 등록 및 초·중·고등학교에 공문을 발송하여 홍보할 예정입니다.
• 이중섭 작가의 부인이 일본인이라서 일본인 관광객에 맞춰서 영어, 일어, 중국어로 홍보물과 POP를 제작할 계획입니다.

⑤ 〈참고 4〉 온라인 홍보 :현재, ▨:목표

지표	세부내용	1	2	3	4	5	6	7	8	9	10
온라인 마케팅	네이버블로그 포스팅, (단위 : 포스팅 수)	0~1	1~5	5~10	10~15	15~20	20~25	25~30	30~35	35~40	40~45

지표	세부내용	1	2	3	4	5	6	7	8	9	10
온라인 마케팅	인스타그램 (단위 : '좋아요' 수)	0~10	10~20	20~30	30~40	40~50	50~60	60~70	70~80	80~90	90~100

지표	세부내용	1	2	3	4	5	6	7	8	9	10
온라인 마케팅	페이스북 (단위 : 게시글 수)	0~1	1~5	5~10	10~15	15~20	20~25	25~30	30~35	35~40	40~45

지표	세부내용	1	2	3	4	5	6	7	8	9	10
온라인 마케팅	카카오 플러스친구 (단위 : 게시글 수)	0~1	1~5	5~10	10~15	15~20	20~25	25~30	30~35	35~40	40~45

설명 • 현재 체계적이고 지속적인 블로그관리가 제대로 되고 있지 않은 상황입니다. 따라서 네이버 블로그를 만들어 포스팅하여 검색 시 정보제공을 도울 것입니다.

• 조원들의 인스타그램에 해시태그를 여러 개 설정하여 각 게시글마다 '좋아요' 수를 7~100개로 예상하고 있습니다.

• 페이스북에는 블로그, 인스타 외에도 정보를 알리기 위해 게시글을 작성할 예정입니다.

• 카카오 플러스 친구도 등록하여 카페정보를 알려 홍보하고 이벤트를 알리며 활성화시켜 예약을 받을 예정입니다.

6) F팀

[서식 3] 봉사단 수행계획서

소상공인 경영지원 봉사단 수행계획서

제출일 : 2017. 05. 31.

업체명	○○○		팀명		동행
대표자 성명	○○○ (서명)		팀장		○○○ (서명)
업주명	○○○ (서명 또는 인)		팀장 연락처		
업체연락처			팀원		○○○, ○○○, ○○○

	회차	일정	회차별 수행내용
세부 내용	1차	2017.05.17.~ 2017.05.21.	- ○○○ 업체 답사 및 사전미팅 - 향후 일정 및 활동 계획 논의 - ○○○ 주변 경쟁업체 탐방(코스모스카페, 이디야, 벤티)
	2차	2017.05.22.~ 2017.05.28.	- 경영지원, 마케팅, 시설개선 활동방안 회의 - 1차 MBO 및 수행계획서 초안 작성 - 1차 업체·요청 사항 시행 예정(프렌차이즈 카페 방문 및 현장 분석)
	3차	2017.05.29.~ 2017.06.04.	- ○○○ 업체 2차 미팅, MBO 및 수행계획서 완성 및 제출 • **온라인 마케팅 기획** - ○○○ 업체 공식 블로그 인수인계 및 블로그 리뉴얼, 콘텐츠 회의)
	4차	2017.06.05.~ 2017.06.11.	• **오프라인 마케팅 콘텐츠 행사 기획** - 수제청 체험활동 : 체험가격 및 활동메뉴얼 설정 - 설문지 제작 : (시음회 고객용/매장방문 고객용) - 커피 시음회 기획 • 목적 : 대표 커피 시음 및 일대 유동 인구를 대상으로 한 홍보물배부 • 실시 : 7회 차부터 매주 화요일, 목요일 실시(추후 조정 소요 있음), 16~18시에 실시 예정(약 2시간 내외, 추후 조정 소요 있음) • 활동 영역 : 카페와 협의 후, 기존에 실시한 시음회 구역 및 새로운 허가 구역 논의 및 확보. • 행사 진행 : ○○○ 대표 메뉴 3가지 선정(시즌 메뉴1, 차가운 음료 2로 구성), 해당 구역에서 2~3인 내외의 인원이 해당 구역 일대의 유동인구를 대상으로 커피 시음을 진행하고, 설문조사 및 홍보 소책자(또는 쿠폰)를 배부하는 활동을 실시한다. 16~18시 사이 2시간 시음회를 실시하고, 즉시 정리정돈 후 시음회 피드백을 실시 **근처 기관 방문 및 홍보 : 단기적인 인센티브 논의** • 목적 : 단체 고객 유도를 기대할 만한 수준의 인근 기관 등을 대상으로 한 홍보물 배부 및 콘텐츠 소개 • 실시 : 7회차부터 주 2회 근처 기관 방문(추후 조정 소요 있음), 상시 실시 예정(2인이 1개 조가 되어 1일 2구역 방문) • 활동 영역 : ○○○ 가게 2km 이내

세부 내용	4차	2017.06.05.~ 2017.06.11.	• **행사 진행 :** **예시 1)** ○○○ 인근에는 오즈 어린이집, 새싹 어린이집 등이 위치해 있으므로 해당 기관에 수제청 체험 프로그램을 PR한다.(해당 PR자료는 보육원장과 보육교사 설득에 주력하기 위해 수제청 제작활동을 아동발달의 이점과 연계하여 PR한다.) **예시 2)** ○○○ 인근에는 아파트 단지 등 주거 지역이 산재하고 있으므로, 전단 활동 및 홍보 소책자(또는 쿠폰)를 배부하는 활동을 실시한다. 해당 일에 방문 활동을 실시하고, 즉시 정리정돈 후 피드백을 실시. • **온라인 마케팅 기획** - ○○○ 공식 페이스북 페이지 개설
	5차	2017.06.12.~ 2017.06.18.	• **오프라인 마케팅 콘텐츠 행사 기획** - 오프라인 마케팅을 위한 이벤트 구상 및 아이디어 회의 • **온라인 마케팅 기획** - 사상구 지역신문 게시를 위한 스토리 구상 및 협의 (사상지역자활센터와 협의 담당자 : 박수진/051-301-8681) • **시설 및 환경개선 활동 기획** - 메뉴 개선 및 개발 아이디어 회의(프렌차이즈 카페 및 동네 카페 탐방) - 2차 업체 요청 사항 시행 예정(개인사업자 카페 방문 및 현장 분석)
	6차	2017.06.19.~ 2017.06.25.	• **온라인 마케팅 실시** - 페이스북 페이지 게시글 업로드(대학생 기말고사 기간임을 고려하여 온라인 마케팅활동만을 실시함)
	7차	2017.06.26.~ 2017.07.02.	• **온라인 마케팅 실시** - 페이스북 페이지 게시글 업로드 • **오프라인 마케팅 실시** - 무료 커피 시음회 시행 (활동 예정지 : 상가 앞 건널목) - 근처 기관 방문 및 홍보 - 수제청 체험 활동 및 고객 설문조사 상시 시행 • **시설 및 환경개선 활동 실시** - 매장 내 청결활동 신행 - 업체 메인 메뉴판 교체(메뉴 추가, 가격변동) • **7, 8월 달별 추첨 이벤트 기획 진행** - ○○○에는 이벤트성 활동이 없다는 점에 착안하여 이벤트 기획 예정 - 세부 계획 : 해당 이벤트 기간 설정 예정 　　　　　　해당 이벤트 진행 방법 구상 예정 　　　　　　해당 이벤트 응모권 구상 및 제작 예정 　　　　　　해당 이벤트 관련 보상에 대하여 업체와 논의 예정 * 7월 본격적인 활동 시작 전 계획 점검 및 회의
	8차	2017.07.03.~ 2017.07.09.	• **온라인 마케팅 실시** - ○○○ 블로그 개설 및 포스팅/페이스북 페이지 게시글 업로드 - 기존 네이버 마이비지니스(담소) 삭제 및 마이비지니스(담소카페) 재등록 - 다음 포털사이트 검색등록

세부 내용	8차	2017.07.03.~ 2017.07.09.	• **오프라인 마케팅 실시** - 무료 커피 시음회 시행 (활동 예정지 : 상가 앞 건널목) - 수제청 체험 활동 및 고객 설문조사 상시 시행 - 1차 ○○○ 주변 제휴업체 연계활동 • **시설 및 환경개선 활동 실시** - 매장 내 청결활동 진행 - 매장 아크릴판용 포스터 제작(디저트 메뉴/추천 세트메뉴/할인정보) - 테이블용 메뉴판 제작(기존 테이블용 메뉴판 폐기 후 신메뉴판으로 교체) - 업체 내부 카운터 진입 여닫이문 제거 및 커튼으로 교체 • **7, 8월 달별 추첨 이벤트 포스터 제작 및 이벤트 진행** - 7회차에 기획한 이벤트를 토대로 업체와 논의하여 포스터를 제작 후 이벤트 진행
	9차	2017.07.10.~ 2017.07.16.	• **온라인 마케팅 실시** - ○○○ 블로그 포스팅/페이스북 페이지 게시글 업로드 - 지역신문 투고 안건에 관한 회의(사상지역자활센터 담당자와 연결) • **오프라인 마케팅 실시** - 무료 커피 시음회 시행(활동 예정지 : 상가 앞 건널목) - 근처 기관 방문 및 홍보 - 수제청 체험 활동 및 고객 설문조사 상시 시행 • **시설 및 환경개선 활동 실시** - 매장 내 청결활동 진행 - 고객관리용 엑셀파일 제작(고객관리 리스트)
	10차	2017.07.17.~ 2017.07.23.	• **온라인 마케팅 실시** - ○○○ 블로그 포스팅/페이스북 페이지 게시글 업로드 • **오프라인 마케팅 실시** - 무료 커피 시음회 시행 (활동 예정지 : 상가 앞 건널목) - 주변기관, 업체 방문 및 홍보활동 - 수제청 체험 활동 및 고객 설문조사 상시 시행 - '맘씨비누'팀과 협업을 위한 회의 및 스케줄 조정 • **시설 및 환경개선 활동 실시** - 매장 내 청결활동 진행 • **자체 중간점검** - 업체 및 협회와의 피드백 활동 - 활동 문제점 파악 및 개선점 논의 - MBO 및 수행계획서 2차 제출(2017.07.20)
	11차	2017.07.24.~ 2017.07.30.	• **온라인 마케팅 실시** - ○○○ 블로그 포스팅/페이스북 페이지 게시글 업로드 • **오프라인 마케팅 실시** - 무료 커피 시음회 시행(활동 예정지 : 아파트 상가 앞 건널목) - 근처 기관 방문 및 홍보 - 수제청 체험 활동 및 고객 설문조사 상시 시행 - '맘씨비누'(시너지팀) 업체 방문 후 천연커피비누 제작(협업) - 업체 내부 공간을 활용하여 다양한 카테고리의 도서 배치 • **시설 및 환경개선 활동 실시** - 매장 내 청결활동 진행

세부 내용	12차	2017.07.31.~ 2017.08.06.	• **온라인 마케팅 실시** – ○○○ 블로그 포스팅/페이스북 페이지 게시글 업로드 – 지역신문 기사 제보예정 (사상지역자활센터와 협의) • **오프라인 마케팅 실시** – 무료 커피 시음회 시행(활동 예정지 : 삼정그린코아 아파트 단지 앞) – 수제청 체험 활동 및 고객 설문조사 상시 시행 – 7월 달별 추첨이벤트 당첨자 추첨 – 8월 달별 추첨이벤트 실시 • **시설 및 환경개선 활동 실시** – 매장 내 청결활동 진행 – 7월 달별추첨 이벤트, 설문조사를 통해 얻은 고객정보 엑셀파일에 기입 • **7월 매출 파악 및 성과 분석** * 8월 활동 시작 전 활동계획 점검 및 회의
	13차	2017.08.07.~ 2017.08.13.	• **온라인 마케팅 실시** – ○○○ 블로그 포스팅/페이스북 페이지 게시글 업로드 • **오프라인 마케팅 실시** – 무료 커피 시음회 시행(활동 예정지 : 상가 앞 건널목) – 근처 기관 방문 및 홍보 – 수제청 체험 활동 및 고객 설문조사 상시 시행 – '짚신'팀과 제휴 및 연계활동 실시(협업) 　(부산관광호스텔에서 수제청 체험활동 클래스 진행) • **시설 및 환경개선 활동 실시** – 매장 내 청결활동 진행 * 8월 활동 중간점검 및 자체 피드백
	14차	2017.08.14.~ 2017.08.20.	• **온라인 마케팅 실시** – ○○○ 블로그 포스팅/페이스북 페이지 게시글 업로드 • **오프라인 마케팅 실시** – 무료 커피 시음회 시행 (활동 예정지 : 상가 앞 건널목) – 수제청 체험 활동 및 고객 설문조사 상시 시행 • **시설 및 환경개선 활동 실시** – 매장 내 청결활동 진행 – 소상공인 프리마켓 참여 및 운영(2017.08.19. 예정) – 8월 달별추첨 이벤트, 설문조사를 통해 얻은 고객정보 엑셀파일에 기입 • **8월 매출 파악 및 성과 분석/활동 최종점검**
	15차	2017.08.21.~ 2017.08.27.	• **최종 결과 보고서 작성 및 제출** – 새가게운동 활동마무리 기념 동행팀 단합MT 예정(포항 하옥계곡)

* 새가게운동 전체기간에 대한 계획 기재

* 공간이 부족할 경우 지면 추가 가능 (추가 지면은 2장 이내)

[서식 4] MBO 성과측정[13]

목표관리법(MBO : Management by Objective)에 의한 성과측정

제출일 : 2017. 07. 20.

업체명	○○○		팀명	동행
대표자 성명	○○○		팀장	○○○
업체확인서명			팀원	

지표[1]	성과평가 기준[2]	현재 현황 (1-10 scale)[3]	목표수립 (1-10 scale)[3]	업주 확인[a] (자필서명)
매출향상	매출액 증가율	1	4	
	〈참고 1〉	1	9	
온라인 마케팅활동	공식 블로그 포스팅 횟수	1	9	
	페이스북 페이지 '좋아요' 및 게시글 공유 횟수			
	지역신문 게시			
	〈참고 2〉			
오프라인 마케팅활동	행사활동 (수제청 체험, 시음회, 근처 기관방문 및 홍보)	1	9.3	
	달별 추첨이벤트 행사 포스터 제작 및 실시			
	고객 설문조사			
	'맘씨비누(시너지)'팀과 제휴 및 연계활동(협업)			
	업체 내부 도서 배치			
	'짚신'팀과 제휴 및 연계활동 실시(협업)			
	〈참고 3〉			
시설 및 환경 개선	매장 청결활동	1	10	
	메뉴판 개선 (메인 카운터 메뉴판/ 테이블용 메뉴판)			

---

13 [서식 4]는 봉사단-업주-협회가 다 동의해야 한다.

시설 및 환경개선	카운터 아크릴판용 포스터 제작 (디저트 메뉴/추천 세트메뉴/ 할인정보)	1	10	
	메뉴판을 가리는 카운터 여닫이문 제거 및 커튼으로 교체			
	고객관리용 엑셀파일 제작 (고객 리스트) 및 정보 기입			
	고객관리용 네이버 주소록 고객망 구축			
	〈참고 4〉			

* 협회에 제출
1. 필요 시 품질향상, 고객증대 등의 세부 항목을 마케팅활동에 포함시켜 할 수 있음
2. 성과평가 기준에 대한 설명 첨부
3. 지표 성과를 1-10 스케일로 지수화
a. 현재 현황과 목표수립에 대한 업주 확인을 스캔하여 제출

** 이후 변동이 불가피하게 있을 경우 협회의 승인을 득하여 수정할 수 있다.
　이와 같은 경우 변경된 MBO 기준에 맞게 [서식 3]을 이에 맞게 수정하여 같이 제출한다.
　만약 임의로 변동하여 제출한 [서식 4]와 결과물이 맞지 않을 경우 감점 처리 대상이 된다.

① 〈참고 1〉 매출향상 성과 기준표

매출액 증가율　　　　　　　　　　　　　　　　　　　　: 현재, ▨ : 목표

scale	1	2	3	4	5	6	7	8	9	10
매출 증가율	0~ 10%	10~ 20%미만	20~ 30%미만	30~ 40%미만	40~ 50%미만	50~ 60%미만	60~ 70미만	70~ 80%미만	80~ 90%미만	90~ 100%미만

설명　저희 팀은 매출 증가율의 목표를 scale 4로 실정히겠습니다. 가장 정확한 비교 방법인 전년도 7~8월과 금년도 7~8월의 동기간 매출액을 비교하여 매출 증가율을 설정 및 도달할 예정입니다. 기존 6월의 경우 대학생 기말고사 기간임을 고려하여 활동성과가 미미할 것이라 예상, 실질적인 매출의 변화는 7~8월에 생길 것이라 예상하여 7~8월을 비교하는 것으로 방향성을 잡았습니다.

② 〈참고 2〉 온라인 마케팅활동 성과 기준표

'○○○' 공식 블로그 게시물 포스팅 횟수　　　　　　　　　　　　: 현재, ▨ : 목표

scale	1	2	3	4	5	6	7	8	9	10
포스팅 횟수	0~3 회	4~6 회	7~9 회	10~12 회	13~15 회	16~18 회	19~21 회	22~24 회	25~27 회	28~30 회

설명 저희 팀은 온라인 마케팅활동에서 가장 우선시 하는 항목을 블로그 마케팅으로 정하였습니다. 먼저, 공식 블로그 개설이 되어 있으나 운영되지 않고 있고, SNS 마케팅이 전혀 이루어지지 않고 있습니다. 그러므로 이 카페만의 공식 블로그 재개설 후 매장위치, 분위기, 메뉴, 행사 등의 포스팅을 할 계획입니다. 또한 블로그 방문자들에게 이 가게만의 스토리를 알리기 위해 공동창업자인 세 분의 사장님의 인터뷰 내용과 탄생배경 등의 내용을 포스팅할 계획입니다.

페이스북 페이지 '좋아요' 및 게시글 공유 횟수　　　　　　　　　　: 현재, ▓▓▓ : 목표

scale	1	2	3	4	5	6	7	8	9	10
'좋아요' 및 게시글 공유 횟수	0~50개	51~100개	101~150개	151~200개	201~250개	251~300개	305~350개	351~400개	401~450개	451~500개

설명 요즘 젊은 층의 사람들이 많이 이용하는 SNS 중 하나가 페이스북입니다. 최근 페이스북 게시물의 '좋아요'와 공유 게시물을 보고 맛집과 분위기 좋은 카페를 찾아다니는 젊은 층들이 많습니다. 이 가게는 SNS 마케팅이 전혀 이루어지지 않고 있으므로 페이스북 페이지를 개설 후 블로그 마케팅과 마찬가지로 매장위치, 메뉴, 분위기, 행사 등의 내용을 게시하여 젊은 연령대 고객유입을 활성화할 계획입니다. 목표치는 scale 7인 305~350개로 설정하였습니다.

지역신문 게시　　　　　　　　　　: 현재, ▓▓▓ : 목표

scale	1	5	10
지역신문 게시 횟수	게시 이력이 없음	1회 게시	2회 게시

설명 지역신문은 동네 주민들의 이목을 집중시키고, 업체 존재를 각인시킬 수 있는 좋은 홍보수단입니다. 이 가게의 경우 주민들의 접근성이 좋은 편이 아니라 존재 유무를 모르는 지역 주민들이 많습니다. 그렇기 때문에 지역신문 게시는 지역주민들에게 이 가게의 존재 자체에 대해 알리고, 타 프렌차이즈 업체와는 다른 차별화된 메뉴나 맛, 분위기 등을 적극적으로 알릴 수 있는 좋은 기회입니다. 신문이라는 특성상 여러 차례 게시하는 데 한계가 있기에 목표치를 scale 10인 2회로 설정하였습니다.

③ 〈참고 3〉 오프라인 마케팅활동 성과 기준표

행사 활동(수제청 체험 활동, 무료 커피 시음회, 주변 기관 방문 및 홍보)　　　　　: 현재, ███ : 목표

scale	1	2	3	4	5	6	7	8	9	10
행사 횟수	0~2회	3~4회	5~6회	7~8회	9~10회	11~12회	13~14회	15~16회	17~18회	19~20회

설명 • 오프라인 마케팅의 일환으로는 기존에 실시했으나 결과가 미미하여 시행하지 않고 있는
수제청 체험 활동을 보완하여 시행하고, 추가로 커피 시음회, 근처 기관 방문 및 홍보
활동을 선정하여 행사활동을 진행합니다. 활동기간 동안 각 콘텐츠 활동의 횟수를 산정
하여 15~16회에 해당하는 scale 8을 목표치로 설정하였습니다.

• 콘텐츠 1-1. 수제청 체험 활동) 수제청 체험 활동은 기존에 시행한 바 있으나, 체험 활동이라는
특성상 1회 활동 시 10명 내외의 체험고객이 필요한데 홍보 부족으로 성과가 미미하여 활동
을 하지 않고 있는 상태입니다. 본 활동은 주변의 프랜차이즈 커피 전문점과는 다른 이 가게
만의 차별성을 가진 콘텐츠를 확고하게 자리하는 것에 목적이 있으며, 기존에 미미했던 성
과는 제휴활동을 통하여 단체 고객 유치가 가능하다는 판단하에 유치원, 주민센터 등에 적
극적으로 홍보할 예정입니다.

• 콘텐츠 1-2. 커피 시음회 유치) 커피 시음회는 매장 밖 활동으로, 이 가게의 대표 메뉴 중 세
가지 내외를 선정하여 허가 지역에서 사이드 부스를 운영할 계획입니다. 시음회는 대중
들에게 이 가게의 메뉴 소개와 존재를 알리는 PR활동을 적극적으로 실시할 예정입니다.

• 콘텐츠 1-3. 근처 기관 방문 및 홍보) 가게 근처에는 공공기관, 식당, 종교 단체 등이 위치해 있습
니다. 해당 기관 및 업체들을 현장방문 하여, 가게 홍보와 더불어 해당 기관 및 업체 등에 단
기적인 인센티브 부여를 주목적으로 한 활동을 적극적으로 실기할 예정입니다

고객 설문조사(시음회 고객용/업체방문 고객용)　　　　　: 현재, ███ : 목표

scale	1	2	3	4	5	6	7	8	9	10
설문조사 (명)수	0~ 50명	51~ 100명	101~ 150명	151~ 200명	201~ 250명	251~ 300명	301~ 400명	401~ 450명	451~ 500명	501~ 600명

설명 고객 설문조사는 고객들이 생각하는 이 가게의 객관적인 실태와 개선 및 보완점을 파악할
수 있는 중요한 수단입니다. 고객 설문조사를 통해 고객과 소통하는 카페라는 인식을 심
어줄 것입니다. 고객 설문조사는 카페 방문자 및 오프라인 마케팅활동에서 시행할 것입니
다. 이 설문을 바탕으로 고객들이 원하는 것은 무엇인지를 파악하고 우리가 할 수 있는 것
은 바로 실행에 옮기고 즉시 실행에 옮기지 못하는 장기적인 관점에서 접근이 필요하고,

방향성과 계획을 업체에 전달하여 장기적으로 나아갈 방향성을 알려주는 중요한 설문조사 활동이 될 것입니다. 따라서 설문조사 인원 401~450명가량으로 생각하고 있으며 scale 8을 목표로 설정하였습니다.

'달별 추첨이벤트 행사' 기획 및 포스터 제작 · 시행　　　　　　　　　: 현재, ▨▨▨ : 목표

scale	1	10
추첨이벤트 행사 기획 및 포스터 제작	기존 달별 추첨이벤트 행사를 진행하지 않았고 사용하던 포스터가 없음	달별 행사 기획 포스터 제작 및 부착

설명 업체 대표님들과의 회의를 통해 모라동 내 주민들이 이 가게의 존재 유무를 잘 알지 못해 고객 유입이 적다고 판단하여 새가게운동을 계기로 7월부터 달별 추첨이벤트 행사를 진행하기로 하였습니다.

행사기간은 매달 1~31일로 계획하고 행사기간 내 이벤트 참여 고객에 한하여 익월 1일에 추첨하여 수제청, 빙수, 음료 등의 상품을 고객들에게 증정할 것입니다.

행사포스터는 기존에 진행하던 행사가 아니므로 사용하던 것이 없어 전문업체에 주문제작을 의뢰하려고 하였으나 업체 대표님들의 금전적 부담을 덜어드리고자 저희 팀이 직접 디자인 및 제작을 하기로 결정하였습니다.

달별 추첨이벤트 행사를 통해 기존 고객들과 업체의 결속력 강화 및 신규고객 유입을 유도할 것이며 가게의 존재를 알리는 데 힘 쓸 계획입니다.

'맘씨비누(시너지)' 팀과 제휴 및 연계활동 실시(협업)　　　　　　　　: 현재, ▨▨▨ : 목표

scale	1	10
카페의 커피가루를 활용한 천연커피비누 제작 및 홍보	기존 새가게운동 타 팀과 제휴 및 연계활동을 실시하지 않음	맘씨비누(시너지) 팀과 제휴 및 연계활동을 실시하여 ○○○에서 커피가루를 제공, 맘씨비누는 커피가루를 활용하여 천연커피비누 제작 후 이 카페에 배치

설명 맘씨비누(시너지) 팀과 제휴 및 연계활동을 실시하기로 하였습니다. 맘씨비누(시너지) 팀에 커피 로스팅 후 나오는 커피가루를 제공하여 맘씨비누에서 천연커피비누를 제작 후 동행 팀에서 샘플을 받아 카페에 배치 후 방문고객 및 달별 추첨이벤트 당첨자들에게 천연커피비누를 나누어준 후 고객들의 반응을 살피고 천연커피비누 사용 고객들의 반응이 괜찮으면 양 업체 간 추가적인 제휴 및 연계활동을 진행하여 천연커피비누 추가 생산 및 판매 활동을 실시하여 수익분배를 하기로 결정하였습니다.

업체 내부공간을 활용하여 '도서'를 배치(북카페 벤치마킹)　　　　　　　　□ : 현재, ▨ : 목표

scale	1	10
업체 내부 도서 배치	기존 업체 내부에 도서가 배치되어 있지 않음	업체 내부의 일부 공간을 활용하여 다양한 카테고리의 도서를 배치하여 업체 방문 시 고객들이 자유롭게 책을 대여할 수 있도록 함

설명　기존에는 업체 내부에 오래된 잡지가 배치되어 있었으나 방문고객들이 전혀 활용을 하지 않고 있습니다. 그래서 저희 팀은 오래된 잡지들을 전량 폐기하고 업체 내부 공간을 활용하여 책장을 주문 제작 후 다양한 카테고리의 도서를 배치하여 방문고객들이 업체 방문 시 자유롭게 책을 대여할 수 있도록 하여 업체의 지리적 불리함을 극복하고 주변 경쟁업체와는 다른 이 카페만의 경쟁력 향상을 도모할 계획입니다.

'짚신'팀과 제휴 및 연계활동 실시(협업)　　　　　　　　　　　□ : 현재, ▨ : 목표

scale	1	10
○○○호스텔에서 수제청 체험활동 클래스 실시	기존 ○○○호스텔과 이 업체 간 제휴 및 상호교류가 전혀 없음	○○○호스텔(짚신 팀)과 이 업체(동행 팀)가 협업하여 ○○○호스텔에서 기존 이 업체에서 상시로 진행하는 수제청 체험활동 클래스 진행

설명　○○○ 호스텔(짚신 팀)과 제휴 및 연계활동을 실시하기로 하였습니다. 송정에 위치한 ○○○ 호스텔(짚신 팀)에서 장소를 협찬받아 기존에 상시로 진행 중에 있는 수제청 체험활동 클래스를 실시하기로 협의하였습니다. 이익을 목표로 하는 것이 아니라 양 업체 상호 간 협력하여 홍보하는 것을 목표로 하고 있습니다. 체험비는 1인 8,000원에 진행되며 클래스 강사는 동행 팀 박민수 팀장이 진행하기로 하였습니다. 수제청 체험활동 클래스에 참가하신 분들은 레몬청을 제작하는 활동을 하게 되며 활동 후 260ml가량의 레몬 수세성을 고급 수제청 병과 케이스에 담아갈 수 있습니다(원 판매가격은 13,000원)

장소 : ○○○호스텔(부산광역시 해운대구 송정중앙로 ○○○)/051-○○○-○○○○

인원수 : 10명/수업비(1인 8,000원)

준비물 : 고급 수제청 병 10개, 케이스 10개, 레몬, 설탕, 소금, 베이킹파우더, 칼, 도마, 식기류, 저울

④ 〈참고4〉 시설 및 환경 개선 성과 기준표

매장 청결활동   : 현재,　　　: 목표

scale	1	2	3	4	5	6	7	8	9	10
청결 활동횟수	0~1회	2회	3회	4회	5회	6회	7회	8회	9회	10회

설명 매장 내부 청결은 업체의 성공 유무에 중대한 영향을 미친다고 생각하였습니다. 청결활동은 활동기간 중 정기적으로 일주일에 1~2회 진행할 예정이기에 scale 10을 목표로 설정하였습니다.

메뉴판 개선(메인 카운터 메뉴판/테이블용 메뉴판)   : 현재,　　　: 목표

scale	1	10
메뉴판 개선	기존 메뉴판	신메뉴판 제작 (메인 카운터/테이블용 메뉴판)

설명 기존 업체의 메인 카운터 메뉴판 및 테이블용 메뉴판이 많이 노후되어 있고 가독성이 떨어진다고 판단하여 기존의 메뉴판을 폐기하고 신메뉴판을 제작하고 부착할 것이며 신메뉴판에는 기존의 메뉴판과는 달리 판매율이 저조한 비인기 메뉴는 삭제하고 기존 메뉴판에 빠져 있는 신메뉴들을 삽입할 계획입니다(메인 카운터 메뉴판은 전문업체에 의뢰, 테이블용 메뉴판은 직접 디자인 및 제작).

카운터 아크릴판용 포스터 제작(디저트 메뉴/추천 세트메뉴/할인정보)   : 현재,　　　: 목표

scale	1	10
카운터 아크릴판용 포스터 제작	기존 카운터에 아크릴판용 포스터가 없음	주문 카운터에 아크릴판용 포스터를 제작하여 배치 (디저트 메뉴/추천 세트메뉴/할인정보 기재)

설명 기존 메뉴판으로는 고객들이 메뉴를 고를 때 가독성이 떨어진다는 판단하에 주문 카운터에 아크릴판용 포스터를 제작하여 배치할 계획입니다. 포스터 내용에는 카페에서 판매 중인 디저트 메뉴/추천 세트메뉴/업체 할인정보 등을 기재할 계획입니다.

메뉴판을 가리는 카운터 여닫이문 제거 및 커튼으로 교체

scale	1	10
카운터 여닫이문 제거 및 커튼으로 교체	기존에 카운터로 진입하는 여닫이문이 메뉴판의 일부를 가려 방문고객들의 메뉴판 가독성이 떨어짐	메뉴판의 일부를 가리는 여닫이문을 제거하고 커튼으로 교체

설명 기존 카운터로 진입하는 여닫이문이 메뉴판의 일부를 가리고 있어 업체 대표님들과 상의 후 고객들의 가독성을 높이고 직원들의 이동을 원활하게 하기 위해 여닫이문 제거 후 커튼 으로 교체할 계획입니다.

고객관리용 엑셀파일 제작(고객 리스트) 및 정보 기입

scale	1	10
고객관리용 엑셀파일 제작 (고객 리스트)	기존 고객관리 프로그램이 없음	엑셀을 활용하여 고객의 개인정보를 기입할 수 있는 고객관리용 파일 제작 (고객 리스트)

설명 이 카페만의 고객관리용 엑셀파일을 제작하여 달별 추첨이벤트와 매장 방문고객용 설문 조사를 통해 얻게 되는 고객의 개인정보(이름, 연락처, 생일, 결혼기념일) 등을 엑셀파일에 저장하여 추후 문자메시지 발송 등 고객관리에 활용할 계획입니다.

고객관리용 네이버주소록 고객망 구축

scale	1	10
네이버주소록 고객망 구축	기존 네이버주소록 고객망이 구축되어 있지 않음	네이버주소록을 활용하여 고객 이름, 연락처 등을 저장하여 이 카페만의 고객망 구축

설명 이 카페만의 고객망 구축을 위하여 네이버주소록을 활용하기로 하였습니다. 매장 방문 고 객용 설문조사 및 달별 추첨이벤트 응모권으로 얻게 되는 고객의 개인정보(이름, 연락처) 등을 네이버주소록에 기입하기로 하였습니다. 이는 고객들에게 ○○○ 홍보 문자메시지를 편리하게 발송하기 위함입니다.

7) 봉사활동일지

[서식 5] 봉사활동일지

소상공인 경영지원 봉사단 봉사활동일지

팀명 : 행복wifi   일자 : 2017. 07. 29.

업체명
○○○

봉사장소	업체 사무실

활동사항

- **업체 요청 사항**

  쇼핑몰 운영에 필요한 전반적인 준비를 부탁드립니다.

- **추진내용/결과(자세히 작성요망)**

  이번에는 직접 쇼핑몰에 올라갈 사진을 촬영하였다. 핸드폰 카메라로 밖에 촬영을 못하는 점이 아쉬웠지만 직접 세팅한 소품장에 한복의 위아래를 맞춰서 마네킹에 입히는 경험은 새로웠다. 마네킹에 옷을 입혀도 이쁘게 나오지 않아 여러 번 시침핀을 꽂았으며 핸드폰 플래시를 이용해 조명을 주기도 하였다. 만족스러운 사진이 나오긴 했지만 유아가 없어서 착용샷을 찍지 못한 점이 아쉬웠다. 사진은 포토샵을 이용해 보정 과정을 거쳐 올리기로 하였다.

출석확인 (개인별 자필기재)	개인번호	성명	시간	봉사시간	본인서명	업주서명
	1	구강미	09:30~17:30	8		
	2	권종해	09:30~17:30	8		
	3	표범수	09:30~17:30	8		
	4	장은서	09:30~17:30	8		

* 공간이 부족할 경우 지면 추가 가능 (추가 지면은 2장 이내)
* 봉사시간 및 실비지급 근거서류이므로 업주서명 및 출석확인란은 자필(개인별)로 정확히 기재바랍니다.

소상공인 경영지원 봉사단 봉사활동일지

팀명 : 동행　　　　　　　　　　　　　　　　　　　　　　　일자 : 2017. 07. 18.

업체명
○○○

봉사장소	업체 사무실

활동사항

- **업체 요청 사항**
  1. 금일 활동 계획 수립
  2. 무료 커피시음회 실시(시음회 고객용 설문조사 진행)
  3. 주변기관, 업체 방문 및 홍보활동
  4. 매장청결활동 실시
  5. 매장방문고객용 설문조사 상시진행

- **추진내용/결과(자세히 작성요망)**
  - 팀원들과 업체 방문 후 금일 활동을 위한 전반적인 계획과 회의를 진행하였다.
  - 기존 우성아파트 앞 상가에서 진행하던 무료 커피시음회를 장소를 변경하여 삼정그린코아 아파트 앞 상가에서 무료커피 시음회 및 시음회 고객용 설문조사 및 전단배부를 진행하였다.
    (무료 커피시음회는 아이스 아메리카노, 복숭아 아이스티로 진행하였다.)
  - 카페 전방 1km 이내에 위치하고 있는 근처 기관 및 업체에 방문하여 카페를 홍보하고 1,000원 할인쿠폰이 들어가 있는 전단지를 배부하는 활동을 진행하였다.
  - 카페 매장청결활동을 위한 업체 외부 유리창 전면을 극세사로 닦고 거미줄을 제거하는 작업을 실시하였다.
  - 매장방문고객용 설문조사는 상시로 진행 중에 있으며 설문조사지에 달별 추첨이벤트 응모를 위한 이름, 전화번호 등의 개인정보를 수집 중에 있다.

출석확인 (개인별 자필기재)	개인번호	성명	시간	봉사시간	본인서명	업주서명
	1	김동언	12:00~20:00	8		
	2	김도형	12:00~20:00	8		
	3	백준수	12:00~20:00	8		
	4	박민수	12:00~20:00	8		
	5	왕승현	12:00~20:00	8		

＊ 공간이 부족할 경우 지면 추가 가능 (추가 지면은 2장 이내)

＊ 봉사시간 및 실비지급 근거서류이므로 업주서명 및 출석확인란은 자필(개인별)로 정확히 기재바랍니다.

소상공인 경영지원 봉사단 봉사활동일지

팀명 : A.P.T   일자 : 2017. 06. 24.

업체명
○○○

봉사장소	송정 해수욕장

활동사항

• **업체 요청 사항**

　- 기념품 판매 많이 하기

　- 업체를 사람들에게 소개하기

• **추진내용/결과(자세히 작성요망)**

송정 인근에서 개최된 한 행사에 저희가 부스운영을 할 수 있는 기회를 선택받았다. 피곤한 몸을 이끌고 바다를 보니 한결 마음이 편해졌다. 시원한 바다소리가 들리는 바다 앞에서 부스를 열어 제품 판매 및 홍보를 했다. 하는 일은 시민공원 때처럼 부스 오픈 준비하고, 청소하고, 사람들이 오면 업체를 소개해주는 일이었다. 사실, 저희 업체를 제외한 나머지 업체들은 다 음식업체여서 판매가 안 되겠단 걱정이 들었지만 예상 외로 많은 분들께서 방문해주셨다. 그리고 행사에 퀴즈 쇼가 열렸는데 퀴즈 쇼 사은품을 위해 보틀(5,000원) 4개를 한 번에 사주시는 고객이 계셔서 기분이 좋았다. 각종 공연도 보고, 활동도 하는 중 부산 서구 국회의원인 유기준 의원과 서구청장님이 오셔서 긴장되었지만, 업체 소개를 하고 나니 공정여행에 관심을 가지신 듯했다. 지역 경제 활성화의 선구자가 되어줄 수 있겠다는 기대를 가졌다.

오픈 준비를 위해 청소하는 모습

유기준 국회의원의 방문

출석확인 (개인별 자필기재)	개인번호	성명	시간	봉사시간	본인서명	업주서명
	1	김지영	09:00~18:00	8		
	2	김혜림	09:00~18:00	8		

<참고> 새가게운동 설문조사 요약

▶ 참여 업주 의견

- 비용과 시간의 문제상 모든 제안을 실천하지는 못하였으나, 혼자 할 때 보다 좀 더 다양한 시각으로 바라볼 수 있었다.
- 매출 많이 늘고 젊은 고객들도 매장을 많이 찾았다.
- 학생들에게도 창업 전반에 대해 진지하게 고민해볼 수 있는 유익한 시간이었다.
- 업주에게도 새가게운동의 취지, 방식, 학생 평가 등에 대해 공지했음 좋겠다.
- 소상공인이 취약한 마케팅 분야에서 오프라인 홍보, 온라인 홍보(대학게시판, SNS, 언론사 게시판 등) 등 다양한 방법의 마케팅을 할 수 있어 좋았다.
- 대학생의 참신한 아이디어가 돋보였다.

▶ 참여 대학생 의견

"대학생들에게 이번 새가게운동에서 창업에 대한 노하우와 기술을 배울 수는 있으나 학생 자체가 그런 열의를 가지지 않는다면 어떠한 노하우도 배울 수 없다."라고 말해주고 싶다.

▶ 기타 의견

- 마케팅에 대해 실전 경험, 사람들을 알면서 많이 성장하는 계기가 되었다.
- 서로 머리를 맞대고 고민하였지만 경영은 머리로만 하는 것이 아니라 발로 뛰는 것이라 느꼈다.
- 창업에 대한 새로운 인식 기회, 창업뿐 아니라 취업 준비생에게도 도움이 되었다.
- 실패에서 얻는 교훈이 있었다.
- 큰 회사보다 소점포가 낫다. 큰 기업 체험은 수박 겉핥기 식이다.
- 긴 시간 동안 업주, 멘토와 호흡하고 의견교환하고 갈등 조정의 값진 교훈을 얻었다.

8) 2017 새가게운동 업체 프로필

업체신청서를 받은 다음 대학생 신청을 받고 매칭 완료된 상태의 다음 예시를 살펴보자.

2017년 신청업체 프로필 및 매칭현황 ① ②

번호	구분	업체명	매칭팀	월평균 매출액	업태/종목	사업장주소	개선희망분야				종업원 수	봉사단 희망전공	외국인 학생요청	회사소개
							경영지원 매출	환경개선	마케팅 지원	기타				
1	개인사업자	라라리빠	생산팀	500만원	제조,도소매/ 홈패션	부산시 부산진구 전포동 661-2번지 예일프라자 213호		○	○		0	무관	무관	헤어막세사리와 앞치마를 판매하는 업체입니다. 자체디자인개발과, 협력공장을 두고 자체생산을 하고 있습니다. 유니크함이 특징입니다. 1인 기업으로 시작하여 올해부터는 공격적인 투자를 위해 매장과 사... 습니다.
2	개인사업자	민넹,하루	민넹나홀팀	300만원	일식/카레	부산시 수영구 수영동 466-15	○		○		0	무관	무관	일본식 카레와 일본식 돈까스와 수제맥주를 함께 파는 일본식 가정
3	개인사업자	브라더스커피 로스팅컴퍼니	씨리얼팀	1,500만원	식품제조가공업/커피	부산시 사상구 주례동 68-14번지 2층			○		1	무관	무관	저희 회사는 커피를 로스팅하여 전국 각지의 카페, 회사 등에 납품하
4	법인사업자	(주)가연우리 포	행복wh팀	3,000만원	한복/제조	부산시 동구 범일월일 11번가길 19	○		○		7	무관	무관	우리의 혼의 이상이 담긴 전통복식의 한복 한복의 현대화와 세계화 우리옷 가연 ㅔ한복의 세계화와 더불어 일상에서 더 가까이 가까이 접하며, 한복이 지닌 전통미에 현대적인 감각을 더한 새로운 매출을 추구함 다양한 한복자료 네트워크를 연결하여 자료지원정보 마케팅 한력 운동에 대한 각부분의 취약한 모든 고용과 면적 네트워크 및 정부의 원 자 스스로가 해결하는 방법을 모색하고 연결하면서 면의 가능 atelier gourmet은 gourmet 협동조합에서 운영하는 세계 최고의 개 리의 가격에 제공하기 위한 고메 협동조합의 오프라인 매장입니다 디저트/커피/이탈리아 피자/로스팅/젤라또 /홈메이드/커피오일 카페 컨셉을 다양한 분야를 진행하는 매장입니다. 현재 부산시에서 진행하는 푸드트럭 사업과 콜라보해서야뵈커과 고 ... 푸드트럭들도 응모했습니다 대학생 여러분들의 반짝이는 아이디
5	협동조합	아뜰리에 고메	이중장부팀	300만원	즉석식품제조/커피	부산시 서구 구덕로 296번길 17 2층			○		1	무관	무관	

①

번호	구분	업체명	매칭팀	월평균 매출액	업태/종목	사업장주소
1	개인사업자	라라리빠	생산팀	500만원	제조,도소매/ 홈패션	부산시 부산진구 전포동 661-2번지 예일프라자 213호

* 업체에 대한 구분, 평균 매출액 등 업체 기본정보와 매칭팀을 확인할 수 있다.

②

개선희망분야				종업원 수	봉사단 희망전공	외국인 학생요청	회사소개
경영지원 매출	환경개선	마케팅 지원	기타				
	○	○		0	무관	무관	헤어막세사리와 앞치마를 판매하는 업체입니다. 자체디자인개발과 협력공장을 두고 자체생산을 하고 있습니다. 유니크함이 특징입니다. 1인 기업으로 시작하여 올해부터는 공격적인 투자를 위해 매장과 사무실을 오픈하였습니다.

* 업체에서 우선적으로 개선하고자 하는 부분을 알 수 있다(개선희망 분야 중복 체크 가능).

* 개선희망분야에 따라서 봉사단의 전공분야를 요청한다(예 : 메뉴판 디자인 개선희망 시 디지인학과 전공자).

* 해외진출 예정이나, 관심이 있는 업체는 외국 학생을 요청한다(예 : 중국어를 할 수 있는 유학생).

* 회사소개란은 주생산품/서비스에 대한 소개(제품소개, 장단점 등)와 생산, 유통, 판매방법, 앞으로의 계획 등을 간략히 기재한다.

9) 각종 서식

[서식 1] 새가게운동 참여 신청서(업체용)

2017년 부산시 행복재생창업
새가게운동 참여 신청서

접수번호 : 2017-　　　　　　　　　　　신청일 :

경영 현황	대표자 성명	(서명 또는 인)		홈페이지(블로그)	
	업체명			업태/종목	
	사업개시일			연락처(사무실)	
	사업장주소			핸드폰	
				이메일	
	종업원	정규직(명), 비정규직(명)			
	소유구분	자가	만원	사업장면적	(평)
		전세 보증금	만원	월관리비	만원
		월 세	만원		
총 투자금액			월평균 매출액		만원
회사소개					

지원 희망 사항에 체크✓ 바랍니다.	구분	내용	요청
	경영지원	경영분석, 경영개선 아이디어 도출, 고객 만족도 조사, 매뉴개발, 시장조사 등	
	마케팅	온·오프라인 마케팅	
	시설/환경미화	정리정돈, 내부 환경미화, 대청소, 기타 일손지원 등	

주의사항	※ 단 ①~⑤항에 해당하는 업무는 수행 불가 　① 운송수단(이륜자동차, 자동차 등)을 이용한 배달 업무 　② 기술과 숙련을 요하는 기계조작 업무　③ 무리한 육체적 업무 　④ 안전상 위해요소가 있는 업무 　⑤ 기타 대학생에게 적합하지 않다고 판단되는 업무 ※ 대학생 경영지원봉사단은 인턴이나 아르바이트생이 아님.

접수 : yghrd@naver.com　　　fax : 0504-163-5832　　　문의 : (051)803-6562

  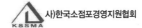

2017년 행복재생창업 새가게운동 경영지원봉사단 신청서	
팀 명	비상

2017년 행복재생창업-새가게운동 경영지원 봉사활동 참여를 신청합니다.

봉사기간 2017. 5. 13~2017. 8. 20

2017년 ○○월 ○○일

(사)한국소점포경영지원협회 귀하

신 청 인(팀 리더) 홍길동 (인)

○○대학교(원) ○학년 ○○학과 재학(졸업)

매칭요약			
업종	업체명	대표자 성명	비고

신청 이유 또는 각오(5줄 이내)

2017년 새가게운동 경영지원 봉사단 신청서

4명 1팀 또는 개인별(1~3명) 신청 가능

연번	팀명	팀장	이름	생년월일	주소	연락처	이메일	학교	학과	은행명	계좌번호
1		이몽룡	홍길동	123456- *******	부산시 연제구 거제1동 ○○○아파트 105-1004호	010-1234 -7890	abcd@ naver.com				
2			변사또			010-0000 -0000					
3											
4											

＊ 작성 및 제출 유의사항(필독!)

  1. 계좌번호는 '-' 없이 숫자만 표시함

  2. 학과 기재시 복수전공은 기재하지 말것

  3. 제출서류 순서 : 신청서-재학(졸업)증명서-주민등록증사본-통장사본 순으로 정리하여 서류제출하고

  4. 파일제출 : 신청서 엑셀파일과 재학(졸업)증명서/주민등록증/통장사본 스캔파일로 만들어서 yghrd@naver.com으로 이메일 제출할
    것.

참고 : 신청서는 협회 네이버카페(http∶//cafe.naver.com/kssma)에서 다운로드하여 작성요망

[서식 2-1] 봉사단 유학생 프로필

유학생 프로필				
성명		출생년도		년도(만 세)
국적		TOPIK급수		
연락처		E-Mail		
한국거주년수		한국거주지		
학력 (대학 이상 기재)	학교	전공과목	학위	졸업년도
자격	자격증명	자격증번호	취득년월일	발급기관
희망 업종선택	도소매업	음식업	제조업	IT	관계없음
자기소개 (주요경력 등 기재)					

* 1페이지 이내 작성 요망

소상공인 경영지원 봉사단 수행계획서

제출일 : 201 . . .

업체명			팀명	
대표자 성명		(서명)	팀장	(서명)
대표자 연락처	(H.P)		팀장 연락처	(H.P)
업체 연락처			팀원	

세부 내용	회차	일정	회차별 수행내용

∗ 새가게운동 전체기간에 대한 계획 기재
∗ 공간이 부족할 경우 지면 추가 가능(추가 지면은 2장 이내)

[서식 4] MBO 성과측정[14]

목표관리법(MBO : Management by Objective)에 의한 성과측정

제출일 : 201 . . .

업체명			팀명	
대표자 성명			팀장	
업체 확인 서명			팀원	
지표[1]	성과평가 기준[2]	현재 현황 (1-10 scale)[3]	목표수립 (1-10 scale)[3]	업주 확인[a] (자필서명)
매출향상				
마케팅활동				
시설 및 환경개선				

* 협회에 제출
  1. 필요 시 품질향상, 고객증대 등의 세부 항목을 마케팅활동에 포함시켜 할 수 있음
  2. 성과평가 기준에 대한 설명 첨부
  3. 지표 성과를 1-10 스케일로 지수화
  a. 현재 현황과 목표수립에 대한 업체 확인을 스캔하여 제출

** 이후 변동이 불가피하게 있을 경우 협회의 승인을 득하여 추가로 수정 제출할 수 있다.
   이와 같은 경우 변경된 MBO 기준에 맞게 [서식 3]을 이에 맞게 수정하여 같이 제출한다.
   만약 임의로 변동하여 제출한 [서식 4]와 결과물이 맞지 않을 경우 감점 처리 대상이 된다.

---

14 [서식 4]는 봉사단-업주-협회가 다 동의해야 한다.

[서식 5] 봉사활동일지

소상공인 경영지원 봉사단 봉사활동일지

팀명 :	일자 : 201 . . .

업체명

봉사장소	

활동사항

- 업체 요청 사항

- 추진내용/결과(자세히 작성요망)

* 공간이 부족할 경우 지면 추가 가능(추가 지면은 2장 이내)

증빙사진 첨부 (온라인 홍보시 홍보화면 캡처, 봉사단 활동 사진 등)	증빙사진 첨부 (온라인 홍보시 홍보화면 캡처, 봉사단 활동 사진 등)

출석확인 (개인별 자필기재)	개인번호	성명	시간	봉사시간	본인서명	업주서명
	1					
	2					
	3					
	4					

* 봉사시간 및 실비지급 근거서류이므로 업주서명 및 출석확인란은 자필(개인별)로 정확히 기재바랍니다.

[서식 5] 봉사활동일지(계속)

2017 경영지원 봉사단 온라인 SNS홍보일지

1. 일반정보(팀명 :   )

업체명		대표자 (연락처)	
업태/업종		업체확인	
팀원 이름 (연락처)		협회확인	
일자		매체	
제목			
사진			
일자		매체	
제목			
사진			

(팀) 봉사활동대장

업체명 :

구분		일자 별 봉사시간							개인별
개인 번호	이름	7.1	7.2	7.3	7.4	7.5	7.6	7.7	시간수 (누계)
1									
2									
3									
4									
팀 봉사시간									
유학생	이름								
유학생	이름								
유학생	이름								
유학생	이름								
유학생	이름								

협회 확인일	
협회 직인	

[서식 6] 결과 보고서

결과 보고서는 본문 글 굴림체 10, 20매 이내로 작성바랍니다.

새가게운동 보고서			
업체명		팀명	
대표자			
업태/업종			
주소			
팀장		학교	
팀구성원	개인번호	이름	학교
	1		
	2		
	3		
	4		

제출일자 :   년   월   일

(사)한국소점포경영지원협회장 귀하

새가게운동 활동 요약	
활동 주요내용	[업체분석 결과 주요 미비점] • • • • •
활동 주요내용	[미비점 보완 주요 결과] • • • • •

1. 업체 개요

사업개시일		취급제품	
종업원 수		판매방식	
매출현황	새가게운동 시행전 (2/4분기 월평균 매출)	새가게운동 시행후 (7,8월 평균 매출)	향상률

2. 시장환경 분석

사업전망 (시장환경, 업종특성 등)	

3. 상권 및 입지 분석

상권 분석	
유동인구 분석	

4. SWOT 분석

강점(S) 분석	
약점(W) 분석	
성장성(O) 분석	
위험성(T) 분석	

	강점 분석(Strength)	약점 분석(Weakness)
성장성 분석 (Opportunity)		
위험성 분석 (Threat)		

5. 업체 미비점 및 경영 개선(보완) 결과(자세히 작성요망)

구분	미비점	경영 개선(보완)
경영 지원		
홍보(마케팅)		
매출 개선(관리)		
환경(시설) 개선		
고객만족도 조사		
업체 아이디어 제안	업체 경영 개선을 위해서 필요한 유통, 물류, 제품, 혹은 마케팅 방법 등등의 구체적 제안	
기타		

6. 컨설팅 맺음말 및 제언(提言)사항

구분	주요내용
맺음말	
제언사항	**[업체전반] 필수** 새가게운동을 마치고 이 업체에 필요한 추후 실시 프로젝트 이름 및 내용 등을 제안, 즉 이어서 새가게운동 II를 곧 한다면 이 업체를 위해서 무엇을 해야 하는가에 대한 제안 **[소상공인 관련 제도개선/법률제안 등]** 이에 대한 답은 현행 제도 및 법률에 대한 숙지가 이루어진 후에 제안해야 함. 별 다른 게 없을 경우 공란으로 남겨 두면 됨 **[현장실습을 통한 창업 아이디어 제안]** 본 새가게운동(현장실습)을 통하여 떠오른 창업 아이디어가 있다면 비교적 구체적으로 진술. 독창성과 실현가능성, 구체성 등에 대하여 평가

네트워크 활동일지 [○○○ 업종]

1. 오프라인 활동

활동내용(구체적 작성)	일자	시간	참여팀	비고
백두산 팀 ○○○업체 가게 환경정화 시 일손부족 해소를 위하여 팀별 일손 지원	5. 30.	15:00~17:00	백두산, 한라산, 불티나(3개 팀)	
한라산 팀 ○○○음식점 점심시간 일손부족으로 인한 상호 지원	6. 30.	12:00~14:00	한라산, 백두산(2개 팀)	
………				

2. 협회카페 "소점포네트워크(아이디어 공유방)"에 정보 게시

온라인 활동내용(구체적 작성)	온라인 매체	게시자(팀)	일자	비고
UCC 제작 게시 ― POP제작방법에 대하여 5분 분량으로 작성	협회 카페	홍길동 (백두산)	5. 30.	
환경개선(마케팅) 정보 공유 ― ○○○업체의 VMD, POP 제작 부차 등에 대한 사진 촬영과 설명	협회 홈페이지/ 카페	홍길순 (한라산)	6. 30.	
………				

10) 우수 결과 보고서 발췌분

2017 새가게운동에서 우수한 두 팀의 결과 보고서를 예시로 제시한다.

(1) 사례 1

결과 보고서는 본문 글 굴림체 10, 20매 이내로 작성바랍니다.

새가게운동_보고서

업체명			팀명	
○○커피			○○	
대표자	○○○ 대표님			
업태/업종	식음료(카페/디저트)			
주소	부산광역시 ○○구 ○○동 ○			
팀장	○○○		학교	
팀구성원	개인번호	이름		학교
	1			
	2			
	3			
	4			

제출일자 : 2017년 8 월 29 일

(사)한국소점포경영지원협회장 귀하

※ 부산시 행복재생창업-새가게운동과 관련된 서류는 일절 반환하지 않으며, 소유권 및 사용권은 (사)한국소점포경영지원협회
   에 있음

새가게운동 활동 요약

[업체분석 결과 주요 미비점]

① 개업 이후 업체 손익분기점 지속적인 흑자전환 실패
② 온라인 홍보활동 부족으로 인한 낮은 업체 인지도
③ 업체 주변 개인카페 및 프렌차이즈 카페 등의 경쟁업체 산재
④ 핵심 상권과 거리가 멀고 지리적인 불리함으로 인한 유동인구가 적음
⑤ 기존고객 및 신규고객 유입을 위한 프로모션 활동 미비
⑥ 업체 내부 인테리어 개선 요소 문제
　　(1) 기존업체 메뉴판(메인 메뉴판/테이블용 메뉴판)의 가독성 결여 및 노후화, 가격변동 미반영, 일부메뉴 누락
　　(2) 카운터 여닫이문이 메인 메뉴판을 가림
　　(3) 업체 내부 유휴공간 활용부족
⑦ 주변 경쟁업체에 비해 떨어지는 세트메뉴 가격경쟁력
⑧ 업체 내방고객의 만족도 조사 및 고객과의 소통부재
⑨ 지속적인 고객유치를 위한 고객관리망의 부재
⑩ 업체 내부 청결 및 외부 유리벽 청결상태가 불량함
⑪ 업체 주변에 위치하고 있는 경쟁업체와의 차별성 부족

[미비점 보완 주요 결과]

**활동
주요내용**

① 과정 : 업체의 일차적인 목표인 흑자전환을 위한 온/오프라인 마케팅활동, 시설 및 환경개선 세부계획 수립 및 활동 개시
　　결과 : 전년도 7, 8월 평균 매출 4,735,600원 대비 금년도 7, 8월 평균 매출 6,250,900원으로 약 32% 증가(약 1,515,300원 증가) 기존 MBO 성과 기준목표 Scale4 달성 MBO〈참고 1-1〉

② 과정 : 기존 운영되지 않고 방치되어 있던 ○○커피 공식블로그 폐쇄 및 재개설 후 업체 위치, 소개, 분위기, 메뉴, 이벤트 등의 포스팅 활동 개시
　　결과 : 공식블로그 운영효과로 인한 업체홍보 및 인지도 상승 기존 MBO 성과 기준목표 Scale10 달성(28회 포스팅) MBO〈참고 2-1〉 링크 : http://blog.naver.com/damso-2
　　(1) 과정 : 젊은 연령층에게 노출도가 높은 페이스북 페이지 개설 필요성 인식 '○○커피' 공식 페이스북 페이지 개설 및 ○○커피 업체 정보 입력, 메뉴 소개와 이벤트 홍보 등의 게시글 게시. 해당 업체 페이지의 노출도 확인 지표를 '좋아요'의 개수로 설정
　　　결과 : 2017년 8월 26일 기준, 기존 MBO 성과 기준목표 Scale 7에 해당 페이지 '좋아요' 010개 달성(팔로워 308명), MBO〈참고 2-2〉 메뉴 소개글 3건, 이벤트 홍보글 2건, 기타 활동 홍보글 3건, 게시물노출도 최고 468명 달성(○○커피, ○○○호스텔 협업 활동 게시물) 링크 : https://www.facebook.com/DamsoCoffee/
　　(2) 과정 : ○○커피의 사회적기업 성격과 업체위치, 내부환경, 메뉴 소개 및 다양한 이벤트 내용을 주 기사내용으로 작성하여 새가게운동을 전개하고 있는 복지TV 부울경방송과 부산, 경상도를 대표하는 인터넷 신문인 부경신문과 연락 취함
　　　결과 : 복지TV부울경방송과 부경신문 투고 및 기사 업로드 완료(Scale10에 해당하는 지역신문 투고 2회 달성) MBO〈참고 2-3〉 링크 : http://www.bknews.co.kr/news/articleView.html?idxno=2655 부경신문, http://www.wbcb.co.kr/news/articleView.html?idxno=47351 복지TV부울경방송

③ 과정 : 업체 주변에 위치하고 있는 교회, 어린이집 등의 기관 및 아파트 상가 업체를 방문하여 '○○커피'를 홍보하고 1,000원 음료할인 쿠폰이 동봉된 전단 배부
　　결과 : 방문하였던 기관 및 업체 직원들이 '○○커피'의 업체에 대해 알게 되고 점심시간 및 저녁시간을 활용하여 음료할인 쿠폰을 가지고 '○○커피' 업체 방문 주변기관, 업체 방문 및 홍보활동 16회 실시 Scale 10달성 MBO〈참고 3-1〉
　　(Scale기준 : 무료 커피시음회＋주변기관, 업체 방문 및 홍보활동＋수제청 체험활동)
　　* 기존 Scale은 8이지만 초과달성하며 Scale 10 달성

	④ 과정 : 핵심 상권과 먼 지리적인 불리함으로 인해 유동인구가 적은 문제를 시음회를 통해 이미지 개선과 노출도를 높이는 방안으로 타개하고자 함 기존에 '○○커피' 점주들이 몇 차례 시음회를 시행한 사례가 있었음을 고려, 활용 방안에 대한 회의 진행. 기존에 시음회 사례가 있었으나, 지속적이지 않고 업체의 위치와 먼 곳에서 진행되었다는 문제점을 확인. 시음회 위치 재선정, 시음회 음료 선정, 전단지 배포, 시음회 시간대 선정, 빈도 설정 등 계획 세부화 작업 진행. 업체 내 활동 간 주 2회 시음회 실시 결과 : Scale 10에 해당하는 총 11회 시음회 실시 MBO〈참고 3-1〉 (Scale기준 : 무료 커피시음회+주변기관, 업체 방문 및 홍보활동+수제청 체험활동) ＊ 기존 Scale은 8이지만 초과달성하며 Scale 10 달성 잠재적 고객 구축 및 일대 주민들의 '○○커피'에 대한 인식 확인 시음회 간 배포한 전단지(할인 쿠폰)를 지참하여 방문하는 고객 확인(향후 전단지 지참 고객 방문 효과 기대) ⑤ 과정 : 기존고객 및 신규고객의 ○○커피에 대한 관심도 유발과 지속적으로 방문할 유인을 제공하기 위해 '달별 추첨이벤트 행사' 기획 및 포스터 제작 [1등-수제청(1명), 2등-눈꽃팥빙수(10명), 3등-아메리카노(20명)] 결과 : 7월 달별 추첨이벤트 진행 및 추첨 후 내방고객들이 이벤트에 흥미를 보이고 업체를 이용하며 소소한 즐거움을 느낄 수 있어서 좋다는 평가를 하였음. 또한 꾸준히 이러한 이벤트를 하면 좋을 것 같다는 고객의 피드백을 받음 '달별 추첨이벤트 행사' 기획, 포스터 제작 및 부착 (목표치인 Scale 10 달성) MBO〈참고 3-3〉 ⑥-(1) 과정 : ○○커피의 메인 메뉴판과 테이블용 메뉴판은 공통적으로 글씨체가 단정하지 못한 점을 비롯하여, 누락되거나 판매 종료 상태인 메뉴의 경우 기재가 되어 있지 않거나 직접 매직 등으로 써넣어 다소 깔끔하지 못함. 메인 메뉴판은 전문 업체에 의뢰하고, 테이블용 메뉴판은 봉사단 팀원들이 자체 제작하기로 결정하고 사안에 대한 회의 진행. 또한 업체 대표님들이 테이블용 메뉴판에서 ○○커피의 스터디룸에 관한 사항을 삭제하기를 희망 결과 : ○○커피의 메인 메뉴판은 전문 업체에 의뢰하여 보다 깔끔하고 단정한 이미지를 갖게 되었고, 가독성을 높임. 비코팅상태의 기존의 테이블용 메뉴판은 너덜너덜하였으나, 이를 새롭게 봉사단 팀원들이 새로 작성하여 제작. 두 종류의 메뉴판에 누락 또는 판매 종료 상태인 메뉴를 추가/삭제하였으며,가격 변동 사항을 반영하여 제작 메뉴판 개선(메인 카운터 메뉴판/테이블용 메뉴판) scale 10 달성 MBO〈참고 4-2〉 ⑥-(2) 과정 : 기존 카운터 여닫이문이 메인메뉴판을 가려 고객의 가독성을 떨어뜨리므로 팀원들이 직접 여닫이문을 제거 및 커튼으로 교체하였음 결과 : 여닫이문을 커튼으로 교체 후 종업원의 이동편의성 증진 및 내방고객의 음료 주문 시 메뉴판 가독성이 향상되었음 메뉴판을 가리는 카운터 여닫이문 제거 및 커튼으로 교체 Scale 10 달성 MBO〈참고 4-4〉 ⑥-(3) 과정 : 기존 업체 내부 유휴공간을 활용하기 위한 아이디어 회의 후 북카페를 벤치마킹하기로 결정, 각 팀원 거주지 근처의 북카페 탐방 후 기존 ○○커피에 배치되어 있던 오래된 잡지를 전량 폐기하고 책장주문 배치 후 다양한 카테고리의 도서 배치 결과 : 기존의 유휴공간으로 인해 심심하던 인테리어가 한층 깔끔해지고 주변 경쟁업체와는 다른 북카페를 운영함으로 인해 ○○커피만의 경쟁력 향상 업체 내방고객의 북카페 사용률이 점차 증가하는 추세 업체 내부공간을 활용하여 '도서'를 배치(북카페 벤치마킹) scale 10 달성 MBO〈참고 3-5〉 ⑦ 과정 : 대다수의 카페는 각각의 메뉴를 묶어놓은 세트 메뉴를 구성하여 판매, 운영. ○○커피에서도 합리적인 가격을 바탕으로 한 세트 메뉴를 구성하여 수익 창출을 유도하기 위한 회의 진행. 경쟁 업체 및 ○○커피와 비슷한 규모의 카페들을 탐방하여 시장 조사를 실시. 기존의 ○○커피의 세트 메뉴는 피자, 혹은 수제청 음료 등에 기반하여 구성. 시장 조사 결과, 카페 'Lomy'에서는 머핀(개당 2,000원대)을 활용하고, 카페 'Home Stead'에서는 아메리카노와 크로와상을 묶어 4,000원 정도로 책정함. 낮은 가격대의 빵이나 아메리카노 등이 보다 높은 판매 비중을 기록함을 파악하였으며, 세트 메뉴 구성 탓에 자체의 가격대도 ○○커피가 월등히 높게 책정되어 있어 판매 효과가 미미

활동 주요내용

활동 주요내용	

결과 : ○○커피에도 머핀(개당 2,000원대)을 도입하였고, 낮은 가격대의 수제 쿠키(묶음당 1,700원 대) 등을 활용, 아메리카노 등과 각각 세트 메뉴를 런칭

또한 세트 메뉴 구성을 시즌을 고려하는 등 유동적으로 운영하기 위해 메인 메뉴판에는 따로 기입하지 않고, 카운터 앞에는 아크릴 소재의 메인 보드를 새로 설치하여 디저트 메뉴, 추천 세트 메뉴, 할인정보, 이벤트 등을 기입할 수 있도록 하였음. 현재는 아크릴판용 포스터를 팀원들이 직접 제작 및 배치하여 추천 세트 메뉴를 고지하고 있음

카운터 아크릴판용 포스터 제작(디저트 메뉴/추천 세트 메뉴/할인정보) scale 10 달성 MBO 〈참고 4-3〉

⑧ 과정 : 업체 내방고객용 설문조사지 및 시음회고객용 설문조사지 제작 및 배부

결과 : 고객들이 생각하는 ○○커피의 객관적인 실태, 개선 및 보완점 파악과 더불어 설문조사를 통해 고객과 소통하는 카페라는 인식을 심어줌. 설문조사 내용을 토대로 하여 고객들의 니즈와 요구사항을 파악하고 ○○커피의 중장기적인 운영계획 수립 및 방향성 설정에 도움이 됨. 고객 설문조사(시음회 고객용/업체방문 고객용)

기존 MBO 성과 기준목표는 scale 8에 해당하는 401~450명이나, 142명을 추가 달성하여 scale10 달성 MBO〈참고 3-2〉

⑨ 과정 : ○○커피는 신규고객 및 단골고객의 고객관리가 전혀 이루어지지 않았으며 업체 대표님의 요청에 따라 고객 관리망을 구축하고자 하였음. 7, 8월에 진행한 설문조사 및 달별 추첨이벤트를 통해 얻은 고객의 연락처, 이름, 생일, 결혼기념일 등을 고객관리용 엑셀파일로 직접 제작하여 정보를 기입하였고 조금 더 원활한 고객관리(축하메시지 발송, ○○커피 이벤트 알림 메시지 발송)를 위해 ○○커피 전용 네이버 ID를 이용하여 네이버주소록 고객망 구축 및 7, 8월 수집 고객정보 입력

결과 : 전혀 이루어지지 않던 신규고객 및 단골고객 관리가 원활하게 이루어지며, 고객 생일 축하메시지, 결혼기념일 축하메시지, ○○커피 이벤트메시지 등을 고객들에게 일괄적으로 발송하여 ○○커피 홍보 및 충성고객 유치를 유도

고객관리용 엑셀파일 제작(고객 리스트) 및 정보 기입 scale 10 달성
고객관리용 네이버주소록 고객망 구축 scale 10 달성 MBO〈참고 4-5~6〉

⑩ 과정 : 매장 청결활동은 봉사단 팀원들이 업체에 방문하는 매주 2회에 걸쳐서 실시. 기본적으로 안팎의 유리벽 닦기와 매장 내 쓸고 닦기, 새로 비치한 각종 도서정리 등을 실시. 매장 바깥 유리벽 구석의 거미줄 제거 실시, 매장 정면 우측 상단에 거미집을 발견하여 제거 실시. 스터디룸에 배치되어 있는 벽걸이 에어컨을 분해하여 내부 청소 실시. 추가로 매장 청결활동과 관련하여 업체 대표님들과 상시 커뮤니케이션 진행

결과 ; 스터디룸의 벽걸이 에어컨 내부를 청소하여 쾌적한 바람이 나오게 함. 매장 바깥 유리벽의 흰 스티커에는 덩어리진 얼룩이 자주 생기므로 업체 대표님께 향후 이 부분을 신경 써줄 것을 촉구. 우측 상단에 거미집을 제거한 결과 약 2주가량 거미줄이 생기지 않았으나, 이후 재발생함을 확인. 매장 바깥 유리벽 구석에 특히 거미줄이 빈번히 발생함을 업체 대표님께 보고한 후, 향후 이 부분을 신경 써줄 것을 촉구

매장 청결활동 21회 실시 scale 10 달성 및 11회 추가달성 MBO〈참고 4-1〉

⑪ 과정 : 수제청 체험활동은 ○○커피 업체에서 한 차례 시행한 바 있으나 체험활동이라는 특성상 1회 활동 시 10명 내외의 체험고객이 필요한데 홍보부족으로 성과가 미미하여 이루어지지 않고 있는 상황이었음. ○○커피만의 차별성과 경쟁력 향상을 위해 업체 대표님과의 회의 끝에 수제청 체험활동을 기존에 이루어지던 것보다 구체적으로 기획하여 주변 기관 및 업체에 홍보를 하여 수제청 체험활동을 재개하기로 하였음

결과 : 주변기관 및 업체, ○○커피 공식 페이스북, ○○커피 공식 블로그 등에 수제청 체험활동을 홍보하였고 새가게운동 경영지원봉사단에서 활동 중인 ○○○호스텔의 짚신 팀과 협업하여 송정에 위치한 ○○○호스텔의 클래스룸을 무료로 대여받아 10명의 수강생을 상대로 레몬수제청 체험활동을 1회 실시하였음. 그 외에도 업체 및 SNS를 통해 수제청 체험활동에 관한 문의량이 증가하고 있는 추세임

수제청 체험활동 1회 실시 Scale 10 달성 MBO〈참고 3-1〉

1. 업체 개요

사업개시일	2015. 11. 03	취급제품	음료/디저트
종업원 수	3명(공동창업)	판매방식	Take in, Take out
매출현황	새가게운동 시행전 (2/4분기 월평균 매출)	새가게운동 시행후 (7,8월 평균 매출)	향상률
	4,735,600원	6,250,900원	32%

2. 시장환경 분석

사업전망 (시장환경, 업종특성 등)	〈사업 주요추세〉 • 금년 가뭄피해로 인한 과일 농사 흉작으로 카페 및 외식업종의 메뉴가격이 상승함 • 저가 커피를 판매하는 프렌차이즈 업체의 골목 상권 위협 • 커피의 대체재인 과일 주스를 판매하는 업체가 많아지고 있음 • 카페의 업종특성상 뚜렷한 수요층이 제한되어 있지 않으며 계절의 영향을 받지 않음 (＊매년 여름은 매출이 평달보다 증가) 〈사업전망〉 ○○커피가 위치하고 있는 사상구 모라동은 청년층의 비율이 적고 중장년층의 비율이 상대적으로 매우 높기에 카페를 운영하기 적합한 조건은 아니라고 판단되지만, 모라동 내 중장년층의 고객들이 카페를 많이 이용하고 있기에 이 부분은 문제 사항이 되지는 않음. 그리고 주요 핵심 상권과 떨어져 있는 ○○커피의 불리한 지리적 특성 때문에 개업 2주년이 되었지만 업체의 존재유무를 모르고 있는 사람들이 많음. 이러한 문제를 이번 새가게운동 활동에서 진행한 무료 커피시음회, 주변기관, 업체 방문 및 홍보 등의 활동을 꾸준히 진행한다면 모라동 내에 업체를 홍보하고 신규고객을 유입시킬 수 있을 것이라고 판단함. (＊○○커피 주변에 위치하고 있는 벽산아파트, 삼정그린코아 아파트, 우성아파트, 모라중학교 등의 상권 고객을 ○○커피로 내방유도 하는 것이 중요 포인트). 또한, ○○커피 업체 주변에 개인카페, 프렌차이즈 카페 등의 경쟁업체들이 산재하고 있어, 고객들이 여러 업체로 분포되어 있는데 이러한 문제를 새가게 운동 활동에서 진행한 달별 추첨이벤트, 수제청 체험활동, 북 카페운영, 고객 관리망을 활용한 고객관리 등을 꾸준히 진행한다면 신규고객 유입 및 기존고객의 충성 고객화 등을 통해 고객유입률이 상승할 것이라고 판단함. 현재 ○○커피는 3명의 공동창업자가 개업 이후 손익분기점 흑자전환을 한 차례도 못하고 있지만 위 문제 사항들을 무료 커피시음회, 주변기관, 업체 방문 및 홍보, 달별 추첨이벤트, 수제청 체험활동, 북카페 운영, 고객관리망을 활용한 고객관리 등의 활동을 꾸준히 진행한다면 장기적인 매출 상승은 물론 모라동 내 1등 카페로 발돋움할 수 있을 것이라고 판단함

3. 상권 및 입지 분석

상권 주요 정보 요약

상권명	상권 유형	면적	가구수	인구수		주요 시설수	집객 시설수	상가/업소 수			
				주거인구수	직장인구수			전체	음식	서비스	도/소매
제1상권	중밀주거지역	586,296㎡	5,701	14,444	3,783	45	125	887	337	177	373

상권 분석

- 주요 상권 영역인 신모라 사거리와는 멀리 떨어져 있다.
- 주요 상권 영역과 멀리 떨어져 있으며, 골목에 위치하여 노출도가 낮다.
- 모라 우성 아파트, 삼정그린코아 아파트 등 4개의 아파트 단지와 주변에 주택가가 산재하여 상주하고 있는 인구가 많다.
- 근처에 모라역과 버스 정류장 등이 있으나, ○○커피로 이어지는 길은 다소 찾기 쉬운 편은 아니다.
- ○○커피 인근의 큰 도로 양 옆으로 상가 라인이 존재하지만 규모가 작다.
- ○○커피 인근에는 프랜차이즈 카페를 비롯한 비슷한 규모의 카페 등 4개 이상의 경쟁 업체가 산재 하고 있다.
- ○○커피 주변, 상가라인 모두 중장년층이 대부분이기에 '○○커피는 중장년층을 위한 프로모션 및 이벤트가 필요할 것으로 보임

인구 분석

· 인구 구성

상권명	가구수	인구수	
		주거인구	직장인구
제1상권	5,701	14,442	3,783

· 주거인구 현황

(출처 : 행정자치부 주민등록인구 통계 및 주거인구를 활용한 추정치, 2016년 12월기준)

상권명	구분	총인구수	연령대별 인구수						
			10세 이하	10대	20대	30대	40대	50대	60대 이상
제1상권	전체	14,442 (100.0%)	932 (6.45%)	1,213 (8.4%)	2,037 (14.1%)	1,894 (13.11%)	2,145 (14.85%)	3,027 (20.96%)	3,194 (22.12%)
	남	7,259 (100.0%)	482 (6.64%)	625 (8.61%)	1,098 (15.13%)	986 (13.58%)	1,083 (14.92%)	1,463 (20.15%)	1,522 (20.97%)
	여	7,184 (100.0%)	449 (6.25%)	587 (8.17%)	938 (13.06%)	908 (12.64%)	1,064 (14.81%)	1,563 (21.76%)	1,675 (23.32%)

유동인구 분석

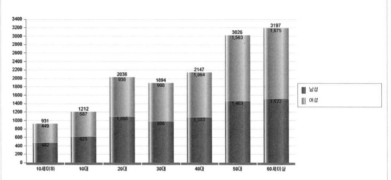

- 유동인구는 활동 기간 상가 라인 일대에서 시행한 시음회를 통해 분석
- ○○커피 업체 일대 상가 라인의 주 연령층은 40대 이상이며, 인근에 모라중학교가 위치하고 있지만 10대, 20대는 찾아보기 힘든 편임
- 인구통계학 관점에서 보았을 때 본 상권은 청년층은 점점 줄어들 것이며 중장년층은 계속해서 늘어날 것으로 보임

4. SWOT 분석

강점(S) 분석	• 타 프렌차이즈 업체에 비해 인테리어가 깔끔하고 편안한 분위기를 제공한다. • 전체적인 메뉴의 가격이 저렴하며, ○○커피만의 독특한 플레이트와 핸드메이드 방식을 통하여 음료 및 디저트의 질이 높다. • 동네상권의 특성상 단골고객의 충성도가 높다. • 주변 경쟁업체에서 판매하지 않는 수제피자 및 수제청 음료를 판매함으로써 고객들에게 ○○커피만의 차별화된 메뉴를 제공하고 있다. • 오전 10시부터 오후 10시까지 연중무휴로 운영되고 있다. • 창업에서 중요한 요소라고 볼 수 있는 화장실이 아늑하고 깔끔하게 관리되고 있다. • 사상구청 내 위치하고 있는 Coffee House의 사회적기업 성격을 물려받아 업체 종업원들이 내방고객에게 친절한 서비스를 제공하고 있다. • 업체 내부에 넓은 회의실, 스터디룸을 보유하고 있다.
약점(W) 분석	• 주요 핵심 상권과 떨어져 있어 고객접근성이 떨어진다. • 업체 주변 많은 경쟁업체들이 산재하고 있다. • 카페의 주요 고객층인 청년층의 비율이 작고 전반적으로 노령화되어 있다. • 온·오프라인 홍보활동의 지속성이 떨어져 업체 홍보가 부족하고 주변상권에 본 업체의 인지도가 낮다. • 주변 프렌차이즈 업체에는 구비되어 있는 흡연실이 없다. • 인테리어(간판) 등의 미약함으로 인해 고객이 외부에서 보았을 때 본 업체가 카페임을 인지하기 어렵다. • 주변 경쟁업체와 차별성을 둘 수 있는 콘텐츠 및 프로모션이 부족하다. • 개인카페임에도 불구하고 3명의 공동창업으로 인해 실 수익률이 많이 떨어진다. • 업체 외부 유리벽 등의 청결상태에 미비점이 있다.
성장성(O) 분석	• 온·오프라인 홍보활동을 지속적으로 진행한다면 업체 인지도 상승 및 신규고객의 유입을 기대할 수 있다. • 상권이 전반적으로 노령화되어 있으므로 본 업체가 중장년층을 타깃으로 한 프로모션 및 이벤트를 꾸준히 진행한다면 신규고객 및 기존고객의 충성고객화를 통해 매출향상을 기대할 수 있다. • 기존 인테리어 미비 및 유휴공간의 산재를 활용한다면 본 업체는 무궁무진한 변화를 할 수 있는 가능성이 있다. • 여름철 아이스음료/빙수류의 수요 증가 • 업체 주변 주택 및 아파트단지 상권장악을 통한 매출 상승 기대 • 본 업체에서 진행하는 수제청 체험활동의 활성화 및 홍보를 통해 주변 기관인 교회, 어린이집 등의 기관 단체방문을 기대할 수 있다.
위험성(T) 분석	• 음료 및 디저트의 주재료인 원두, 과일가격의 불안정함으로 인한 빈번한 메뉴비용 발생 • 상권 내 지속적인 노령화로 인해 예상되는 고객층의 쇠퇴 • 개업 이후 지속적인 흑자전환 실패로 인해 빠른 시일 내 손익분기점을 넘지 못한다면 폐업의 가능성도 고려해볼 수 있음 • 프렌차이즈 업체의 무분별한 개업으로 인해 골목상권 위협 가능성을 볼 수 있음 • 홈메이드 카페의 증가로 인한 전반적인 카페 매출 하락

	강점 분석(Strength)	약점 분석(Weakness)
성장성 분석 (Opportunity)	• 연중무휴 업체를 운영함으로 인해 고객들에게 언제든지 찾아올 수 있는 카페라는 인식을 심어준다. • 단골고객의 충성고객화를 통한 업체 고정 매출 극대화	• 무료 커피시음회 활동을 통한 지리적 불리함 극복 및 신규고객 유입 기대 • 경쟁업체와 차별성을 둘 수 있는 콘텐츠 및 프로모션을 통해 신규고객 유입 및 기존고객의 충성고객화 기대
성장성 분석 (Opportunity)	• 다양한 메뉴를 판매함으로써 신규고객 유입유도 • 가격경쟁력을 통한 주변상권 장악 • 넓은 회의실 및 스터디룸 구비를 통한 주변기관 및 업체 단체방문 기대 • 깔끔한 인테리어와 편안한 업체 분위기로 인해 업체의 주 고객인 중장년층의 욕구 충족	• 업체 주변에 많은 경쟁업체가 산재되어 있지만 다양한 메뉴와 가격경쟁력을 통한 본 업체만의 경쟁력 향상기대 • 노령화되어 있는 상권을 고려하여 깔끔하고 차분한 인테리어로 중장년층을 타깃팅 • 꾸준한 주변기관, 업체 방문 및 홍보를 통한 본 업체 인지도 상승 기대
위험성 분석 (Threat)	• 원두 및 과일가격의 불안정성에도 불구하고 저렴한 가격과 핸드메이드 방식을 고수함으로써 가격경쟁력 유지 및 고객층 신뢰를 확보해야 함 • 상권의 지속적인 노령화를 고려한 다양한 이벤트 및 프로모션 기획필요 • 프렌차이즈 업체의 골목상권 위협에도 불구하고 ○○커피만의 차별적 브랜드 가치 및 슬로건 유지할 필요가 있음	• 업체 사장님이 객접근성이 떨어지는 것을 인지하고 온·오프라인 홍보활동을 지속적으로 진행할 필요가 있음 • 업체 외부 유리벽의 청결상태를 지속적으로 관리하여 고객들로 하여금 깔끔한 이미지를 심어줄 필요가 있다. • 인테리어 미비로 인해 업체 외부에서 카페임을 인지하기 힘든 부분을 간판교체 및 입간판 설치 등으로 개선할 필요성이 있음

5. 업체 미비점 및 경영 개선(보완) 결과(자세히 작성요망)

구분	미비점	경영 개선(보완)
경영 지원	• 온라인 마케팅활동을 하지 않아 온라인 정보에 많이 의존하는 청년층에게 홍보 부족 • 사장님들이 온라인 마케팅의 필요성에 대한 인식 부족과 활용 방법 및 방안에 대해 알지 못함	• 청년들이 가장 많이 사용하는 SNS인 페이스북 개설 및 '좋아요' 300개 이상 달성 • 네이버 블로그를 개설해 약 30회에 달하는 블로그 포스팅을 완료하였고, 지속적인 관리를 통해 블로그 상위링크 달성 • 네이버 마이비지니스 업체등록을 통해 모라동 카페를 찾는 고객들에게 정보 제공 및 온라인 홍보 • 지역 주민들을 대상으로 하여 ○○커피의 존재와 활동 및 정보전달을 목적으로 지역신문 2회 개시 (복지TV 부울경 방송, 부경신문)
홍보(마케팅)	• 지역 상권을 타깃으로 한 오프라인 마케팅활동이 부족하여 지역 주민들에게 홍보가 부족한 상황 • 전단지는 있으나 배포를 하지 않아 재고로 남아 있는 상황 • 오프라인 홍보의 필요성과 체계적 홍보 방식에 대한 지식 부족	• 지속적이고 체계적인 무료커피 시음회를 실시해 음료와 전단을 함께 배포함으로써 신규고객 유입 및 업체 인지도 상승 • 주변기관, 업체 방문 및 홍보를 함으로 인해 상권 내 직원들의 ○○커피 내방을 유도하고 그로 인한 매출 상승 기대

매출 개선(관리)	• 3명의 공동창업자가 개업 2년차가 되었지만 단 한 차례도 손익분기점 흑자전환을 하지 못하고 있음	• 중장기적인 업체 매출 증대를 위해 다양한 온·오프라인 홍보활동 및 시설개선 등의 전반적인 경영지원 활동을 통해 매출 증가 • 작년도 7, 8월 평균매출 4,735,600원, 금년도 7, 8월 평균매출 6,250,900원으로 평균매출 약 32% 증가
환경(시설) 개선	• 기존 본 업체는 메뉴판이 노후화 및 가독성 결여 등의 문제가 있고 매장 내부청결과 외부 유리벽의 청결상태가 미약함	• 메인 메뉴판을 전문업체에 의뢰해 교체하고 테이블용 메뉴판을 새로 제작하여 가독성을 높이고 깔끔한 이미지 구축 • 메인 메뉴판을 가리고 있는 여닫이문을 커튼으로 교체하여 고객의 가독성을 높이고 종업원의 이동 편의성 증대 • 카운터 아크릴판용 포스터를 제작하여 할인정보, 추천 세트 메뉴 등을 고지하여 내방고객의 가독성 향상 • 주기적인 매장 내부청소 및 외부유리창 청결활동을 통해 청결한 카페이미지 구축
고객만족도 조사	• 기존 본 업체는 고객만족도 조사가 이루어지지 않고 고객의 의견 수렴 및 소통이 전혀 이루어지지 않고 있음	• 업체방문고객용 설문조사지 및 시음회고객용 설문조사지를 제작, 배부함 • 설문조사를 통해 업체의 객관적인 실태, 개선 및 보완점 파악과 더불어 고객과 소통하는 카페라는 인식 고취 • 설문조사 내용을 토대로 고객의 니즈 파악 및 의견을 수렴하여 ○○커피의 중장기적인 운영계획 수립 및 방향성 설정에 도움이 됨
고객관리망 구축	• 기존 본 업체는 신규고객 및 단골고객의 고객관리가 전혀 이루어지지 않고 있어 고객들이주변 경쟁업체로 분포되고 있음	• 설문조사 및 달별 추첨이벤트를 통해 얻은 고객의 개인정보(이름, 연락처, 생일, 결혼기념일)를 기입하기 위한 고객관리용 엑셀파일 제작 및 7, 8월 개인정보 수집분 기입을 통해 업체 사장님이 원활한 고객관리가 가능 • ○○커피 전용 네이버 주소록에 고객관리망을 구축 후 수집한 개인정보를 기입하고 고객 생일 축하 메시지, 결혼기념일 축하메시지, ○○커피 이벤트메시지 등을 고객들에게 일괄적으로 발송함으로써 ○○커피 홍보 및 충성고객 유치를 유도
콘텐츠 기획	• 주변 경쟁업체에 비해 ○○커피만의 차별성이 부족하고 신규고객 유입 및 기존고객을 충성고객화 시킬 유인이 부족	• 달별추첨 이벤트를 기획하여 내방고객들에게 흥미를 유발하고, 입소문을 통해 신규고객 유입 가능성 강화 • 수제청 체험활동을 통해 카페 전문성 향상 및 수동적인 카페를 능동적으로 만들어 업체에 대한 긍정적 인식 강화

6. 컨설팅 맺음말 및 제언(提言)사항

구분	주요내용
맺음말	먼저, ○○커피는 사상구청 내에 위치하고 있는 CoffeeHouse라는 사회적기업에서 근무하던 직원 3명이 공동명의로 카페 창업을 하여 운영을 하고 있는 카페입니다. ○○커피는 CoffeeHouse에서 분리되어 나오다보니 카페 개관식 때 뉴스에도 나오고 사상 구청장님도 방문하셔서 개관식을 함께 하셨다고 합니다. 저희 팀 구성이 완료된 후 업체사장님과의 사전미팅을 위해 업체에 첫 방문을 한 날 제가 느낀 ○○커피는 프렌차이즈 카페가 아니라 개인기업 형태의 카페이다 보니 일반적으로 자주 접하게 되는 스타벅스, 엔젤리너스와 같은 브랜드 카페에 비해 음료와 디저트의 가격이 매우 저렴했고, ○○커피에서 수제로 제작하여 판매하는 청의 맛 또한 매우 좋았으며 내부 인테리어도 ○○커피의 슬로건인 '이야기가 있는 카페'에 걸맞게 깔끔하고 편안한 분위기였습니다. 사실, 지금 맺음말을 작성하고 있는 동행 팀의 팀장인 저는 사전미팅을 시작하기 전까지는 이렇게 깔끔하고 좋은 카페가 무슨 문제가 있어서 소상공인경영지원에 참여업체로 참가하였을까?, 과연 우리의 역량으로 이렇게 좋은 업체에 도움이 될 수 있을까? 하는 의구심을 가지고 사전미팅에 참여하였습니다. '○○커피'의 공동창업자인 대표님 세 분과 저희 팀원들이 업체 내부 회의실에서 사전미팅을 진행하였고 대표님들께 겉보기와는 다른 업체의 속사정을 자세히 들을 수 있었습니다. ○○커피는 2015년 11월에 첫 오픈을 하여 2주년이 다 되어가지만 단 한 차례도 흑자전환을 하지 못하였으며, 주요 핵심 상권과 떨어져 있고 오르막길 중간에 위치하고 있는 지리적 불리함 때문에 신규고객 유입은 커녕 주변 주택, 아파트단지에 거주하는 사람들이 ○○커피의 존재유무도 잘 모르고 있는 상황이었습니다. 또한, 온오프라인 마케팅활동에서 대표들이 많은 것을 시도는 해보셨지만 바로 눈에 보이는 성과가 없다보니 꾸준히 진행하신 적이 없다고 하셨습니다. 업체는 공명명의의 3명의 대표님이 교대 근무를 하며 설, 추석 명절을 제외하고 연중무휴로 아침 10시부터 밤 11시까지 영업을 하고 있음에도 불구하고 아직까지 흑자전환을 못하셨다고 웃으면서 말씀하실 때 저희 부모님과 비슷한 연령대의 대표님들이 고생하시는 모습을 보니 마음이 좋지 않았습니다. 그 외에도 첫 만남에서 대표님들과 많은 이야기를 나누며 은연중에 대표님들의 이야기 속에서 간절함을 느낄 수 있었습니다. 기말고사가 끝나고 난 후, 저희 팀은 본격적인 100일간의 활동을 시작하였습니다. '○○커피'를 모라동 내에 알리고 매출향상을 위한 방안을 찾기 위해 팀원들과 정말 많은 회의를 거쳤던 것 같습니다. 회의를 통해 나온 무료 커피시음회, 주변기관, 업체 방문 및 홍보, 수제청 체험활동, 고객 설문조사, 맘씨비누, 짚신, H2 팀과의 협업, 북카페 벤치마킹, 메뉴판 개선, 고객관리망 구축, 블로그 개설, 페이스북 페이지 개설, 지역신문 제보, 달별 추첨이벤트 등 여러 가지 활동들을 진행하였습니다. 활동 중에는 100일이라는 단기간 내에 여러 가지 활동을 진행하고 성과를 내야 하는 상황이다 보니 정신이 없어 몰랐는데 하나씩 나열을 하려고 하니 정말 많은 활동을 한 것 같고 지난 100일간의 활동이 머릿속에 파노라마처럼 스쳐지나갑니다. 여러 가지 콘텐츠의 활동을 기획 및 진행하며 업체 대표님들, 팀원들과 많은 회의를 거치고 커뮤니케이션을 하였는데 한 차례 정도 의견충돌이 날 법도 하지만 서로가 상호 간에 양보하고 배려하여 한 차례의 의견충돌도 없이 웃으며 활동을 할 수 있었던 것 같습니다. 물론 더운 날씨, 방학 내내 시간을 할애하여 업체에서 활동하는 것이 조금 힘든 부분은 있었지만, 힘들고 땀 흘린 만큼 저희 팀은 많이 배우고 많이 성장하는 계기가 되었다고 생각합니다. 2017년 8월 20일 활동을 마무리하고 업체 대표님께 인사를 드리며 업체를 나서기 전에 제가 다시 둘러본 ○○커피는 5월의 첫 방문 때와는 정말 많은 부분이 달라져 있었고 소상공인 2차 활동에서도 꼭 다시 한 번 저희 팀과 활동하고 싶다고 말씀하시는 사장님의 모습은 한동안 잊을 수 없을 것 같습니다. 이러한 좋은 활동을 경험하게 해주신 새가게운동 관계자분들께 감사의 말을 전하고, 100일간 최선을 다해 활동해준 '동행'팀 팀원들에게도 고맙다는 말을 전하고 싶습니다. 또한 활동기간 중 열심히 활동에 참여해주시고 저희 동행 팀을 전폭적으로 지지해주시고 의견을 최대한으로 수렴해주신 00커피 세 분의 대표님들께 감사하다는 말씀드리고 싶습니다. 마지막으로, ○○커피의 무궁한 발전을 기원합니다. 감사합니다.

	[업체전반] 필수
	가장 필요한 것은 '지속성'이라고 생각함. 현재 달별 이벤트를 하면서 지속적으로 데이터를 축적하고 현재 운영하고 있는 SNS(페이스북, 블로그, 인스타그램)에 지속적으로 이벤트와 글을 올리면 지역주민들에게도 홍보를 할 수 있고 멀리 사는 사람들에게도 홍보 효과가 있다고 생각함. 그리고 축적한 데이터를 바탕으로 결혼 기념일 이벤트, 생일 이벤트를 실시하여 고객과 소통하는 모습을 보이며 지속적으로 개선사항에 나오는 점은 추가하거나 고쳐나가는 방향으로 한다면 모라동에서 제1의 카페로 성장할 수 있다고 생각함. 　　더하여 단점일 수 있는 3명의 공동 창업을 장점으로 활용하여 적극적인 업무 분담이 필요하며 과일을 이용한 음료나 상품이 많고 빵과 쿠키, 원두 등에서 원가를 절감하여 수익을 극대화시키는 방법도 필요해보임. 예를 들어, 싸고 질 좋은 과일을 납품받거나 산지 직송으로 과일을 받는 방법을 구상하고 빵과 쿠키를 코스트코나 납품업체와 미팅을 통해 조금 더 원가 절감을 시도해보는 것도 좋다고 생각함.
제언사항	[소상공인 관련 제도개선/법률제안 등] 소상공인에게 가장 큰 문제는 젠트리피케이션이라고 생각합니다. 즉, 상가 건물에 세를 들어 살면서 장사를 하는 상인이 어느 날 장사가 잘되어서 번창하게 되면 주인이 건물의 임대료를 올리게 되고 순이익이 하락하게 되어 결국 다른 곳으로 이전을 하거나 가게의 문을 닫아야 하는 상황이 발생하는 점입니다. 　　자본주의가 시작된 이래로 수많은 정책이 시행되고 연구가 있었지만 젠트리피케이션을 막을 수단은 없었습니다. 임대차보호법, 상생 협약제도 등의 국내 정책들과 외국의 임대료 상한제 등으로 막으려고 해봤지만 사실상 힘들지만 소상공인들이 이러한 문제에 부딪혔을 때 법률적인 지원을 해주는 방안과 더불어 월세나 전세의 가격을 악의적으로 올리는 것을 막는 법률을 만들고 이와 더불어 갱신 시 최대로 올릴 수 있는 금액을 %로 지정하는 법을 만들거나 특별법을 만들어 이태원, 경리단길, 가로수길처럼 급속도로 성장하여 기존에 살던 사람들이 내몰리는 일이 없도록 급속도로 성장하는 동네의 경우에 특별지역으로 묶어서 임대료를 동결하거나 %에 제한을 5년 동안 시행해야 한다는 특별법을 만드는 등의 조치를 통하여 소상공인들이 자신의 가게에서 쫓겨나는 일을 막을 수 있지 않을까 생각합니다. [현장실습을 통한 창업 아이디어 제안] 카페를 경영 지원하면서 느낀 점은 사람들은 생각보다 카페에서 음료를 제외하고 많은 것을 먹는다는 점이었습니다. 머핀, 쿠키, 케이크 등 음료와 어울리는 것들을 먹지만 이에 대한 아쉬움은 항상 있습니다. 그래서 생각한 아이디어는 매일 아침 신선한 빵과 쿠키, 그리고 예쁘고 독창적인 케이크 등의 디저트를 카페에서 매일 판매할 수 있는 수량만을 납품하는 방식으로 유통기한이 길어 신선도가 떨어지고 맛이 떨어지는 것을 막을 수 있고 카페의 입장에서는 재고처리의 문제가 적어서 좋고 합리적인 가격으로 납품을 하면 기존에 카페에서 빵과 쿠키, 디저트 등을 판매하는 업체에서 환영받을 수 있다고 생각합니다.

※ 부산시 행복재생창업-새가게운동과 관련된 서류는 일절 반환하지 않으며, 소유권 및 사용권은 (사)한국소점포경영지원협회에 있음

(2) 사례 2

결과 보고서는 본문 글 굴림체 10, 20매 이내로 작성바랍니다.

새가게운동 보고서

업체명		팀명	
○○○		○○○	
대표자	○○○		
업태/업종	제조/남자용 개인맞춤양복		
주소	부산 부산진구		
팀장	박천수	학교	
팀구성원	개인번호	이름	학교
	1		
	2		
	3		
	4		

제출일자 : 2017년 8 월 29 일

(사)한국소점포경영지원협회장 귀하

※ 부산시 행복재생창업-새가게운동과 관련된 서류는 일절 반환하지 않으며, 소유권 및 사용권은 (사)한국소점포경영지원협회에 있음

새가게운동 활동 요약	
활동 주요내용	**[업체분석 결과 주요 미비점]** 1. 경영 및 매출 관리 　• 명장님 내외만으로 운영하여 경영 및 매출 변화를 위해 새로운 것을 시도하기가 매우 힘든 상태 　• 기술력은 대한민국 Top이지만 한 달에 생산 가능한 맞춤양복 수가 정해져 있음 　• 경제흐름에 매출이 좌지우지됨 2. 홍보(마케팅) 　• 홈페이지를 제외하곤 SNS마케팅활동이 없음 　• 명성에 비해 홍보가 거의 없어 신규고객 유입이 적음 　• SNS를 쓰실 줄 모름 3. 고객만족도 조사 　• 고객만족도를 객관적으로 볼 수 있는 자료가 없음 4. 환경(시설) 개선 　• 30년 넘게 사용하신 낡은 건물 　• 명성에 맞지 않는 내부 인테리어 　• 정리정돈이 되어 있지 않는 내부
	[미비점 보완 주요 결과] 1. 경영 및 매출 관리 　• 경영 및 매출 관리 및 향상을 위해 필요한 것들에 대한 준비를 대신함 　• 맞춤양복이라는 특성상 단기간 매출향상은 불가하여 변화된 점 없음 　• 지속적인 SNS마케팅을 통해 신규 고객 유치하여 매출 상승효과 기대 2. 홍보(마케팅) 　• 네이버 블로그 및 홈페이지를 메인으로 하여 각 SNS채널과 연계시켜 SNS마케팅에 활용 　• 포스팅에 대하여 쉽게 작성하실 수 있게 매뉴얼 작성 3. 고객만족도 조사 　• 설문지를 통해 고객의 객관적인 의견수렴
	4 환경(시설) 개선 　• 가구, 조명, 벽면 페인트칠을 통해 명성에 맞는 내부 인테리어를 만듦 　• 내부 인테리어를 하며 내부정리도 같이하여 필요 없는 물품정리

1. 업체 개요

사업개시일	1983. 09. 03	취급제품	양복
종업원 수	1명	판매방식	내방고객판매
매출현황	새가게운동 시행 전 (2/4분기 월평균 매출)	새가게운동 시행 후 (7, 8월 평균 매출)	향상률
	400	500	25%

2. 시장환경 분석

사업전망 (시장환경, 업종특성 등)	• (−) 60~70년대 큰 산업이었던 맞춤양복산업은 기성복의 등장으로 인해 80년대부터 맞춤양복산업은 사양산업이 됨 • (−) 그러나 맞춤양복에 대한 인식이 예전보다는 뜨겁지 않고 기성복과의 가격차이가 있어 일반적인 국민이 구입하기엔 가격이 비쌈 • (+) 비록 시장 전체적인 크기는 줄었지만 시장이 줄면서 옥석이 가려져 남아 있는 맞춤양복점 중 실력 있는 곳이 많지 않아 기술적 우위가 절대적이라 볼 수 있음 • (+) 많은 맞춤양복점이 사라졌지만 현재까지 살아있는 맞춤양복점은 각각의 특색을 살려나가며 영업 중 • (+) 'OOO 양복점'의 경우 대한민국 맞춤양복 명장 1호라는 타이틀에서 검증이 되었듯이 맞춤양복의 기술력만큼은 대한민국 Top 수준 • (+) 맞춤양복을 기성화시키지 않는 이상 'OOO 양복점'은 프리미엄 전략으로 가는 것이 바람직하다고 보여짐 • (+) 다시 가치소비의 시대로 접어들면서 시장침체기에 살아남은 맞춤양복점 중 기술력이 뛰어난 곳들이 가치소비의 타깃으로 자리매김할 수 있음

3. 상권 및 입지 분석

상권 분석	

상권 분석	• 지하철 범일역에서 5분거리에 위치하고 있음 • 주변이 귀금속업체들이라 예복으로 맞춤양복을 맞출 수 있는 예물을 보러오는 신혼부부들이 있고 귀금속을 맞추러 오는 사람들에게 노출가능하나 그렇지 않는 사람들에겐 노출이 힘듬 • 네이버 트렌드를 이용하여 연령별 맞춤양복, 맞춤정장을 키워드로 조사해봤을 때 20~60대 이상 골고루 검색하고 있음 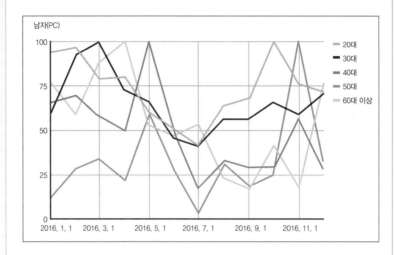 • 귀금속 단지 안에 있는 양복점이라 오프라인으로는 업체 노출이 힘들고 온라인으로 업체 노출이 필요
유동인구 분석	• 귀금속 단지 안에 있어 비교적 많은 유동인구가 있지만 맞춤양복을 사러 오는 사람들은 아니기 때문에 신규 고객을 유치하기 어렵다고 볼 수 있음 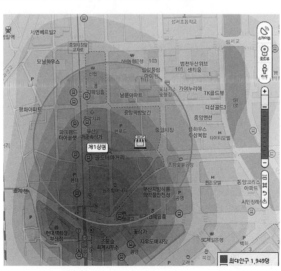

4. SWOT 분석

강점(S) 분석	• 맞춤양복 기술력 대한민국 Top 수준 • 오랜 맞춤양복사업으로 인해 단골고객이 많음
약점(W) 분석	• 맞춤양복 기술력 및 맞춤양복 가격에 비해 어울리지 않고 노후된 내부인테리어 • 범일동 귀금속 단지 내부에 있어 맞춤양복산업의 특성상 무조건 찾아와야 하는 고객입장에선 찾기 어려울 수 있음 • 단골고객들의 입소문이 아닌 이상 홍보가 없어 새로운 고객유입이 어려움 • 온라인 마케팅분야에 홈페이지 말곤 없음. 그나마도 관리가 제대로 되고 있지 않음 • 한 달에 생산가능한 양복의 수가 7~9벌로 정해져 있음
성장성(O) 분석	• (−) 현재 명장님 밑에 제자가 없어서 생산가능한 맞춤양복 수가 제한적. 주문을 더 받아 외주를 줬을 시에 명장님이 만족할만한 옷 품질이 나오지 않아 외주주문도 불가 • (−) 연세가 많아 맞춤양복 사업을 확장시키기엔 무리가 있음 • (+) 시장 전체적으로는 다시 가치소비시대가 다가옴으로써 그 동안 살아남은 양복점 중 기술력 및 품질이 좋은 곳은 충분히 승산이 있는 시장으로 예상됨
위험성(T) 분석	• 젊은 맞춤정장집들이 1벌당 최저 30만 원대 가격대로 맞춤정장을 팔고 있음(물론, 비스포크방식이 아니고 재질 및 재단의 차이가 있음) • 일반적으로 많은 소비자들이 원하는 품목 및 가격대가 아님 • 사치품으로 분류되기 때문에 경제흐름에 따라 매출 영향을 크게 받음

	강점 분석(Strength)	약점 분석(Weakness)
성장성 분석 (Opportunity)	• 기술력은 대한민국 Top이지만 사업을 확장하기 위한 방안이 부족하여 현 사업 크기에 맞춰 진행해야 함	• 성장에 한계가 있으나 현 상황에서는 더 성장할 수 있으므로 내부인테리어의 변화 및 SNS를 통한 신규고객 유입으로 성장시킴
위험성 분석 (Threat)	• 경제흐름 및 소수의 소비자가 원하는 물품인 만큼 기술력과 품질을 내세워 충성고객 수를 늘려야 함	• 많은 소비자가 바라는 것도 아니고 한 달에 생산되는 양복의 수 적으므로 이것을 한정적으로 생산되는 맞춤양복으로 마케팅을 함으로써 고객들이 받아들이는 느낌을 바꿔 장점으로 만들어 홍보하는 방향으로 마케팅

5. 업체 미비점 및 경영 개선(보완) 결과(자세히 작성요망)

구분	미비점	경영 개선(보완)
경영 및 매출 관리	• 경영을 명장님 내외분만이 맡고 있어 업체 경영에 도움이 되는 새로운 걸 시도하거나 배울 만한 시간이 부족 • 맞춤양복에 대한 기술력은 좋으나 100% 수제 작업인 비스포크작업이라 한 달에 생산되는 양복의 수가 정해져 있고 원단의 가격이 상관없이 맞춤양복을 제작하는 시간은 똑같아 원단의 가격이 낮으면 매출도 줄어듦 • 경제흐름에도 크게 좌우되지만 맞춤양복의 특성상 성수기와 비수기가 확연히 나뉨	• 명장님 내외분과 저희 팀이 함께 낸 아이디어의 실행가능 여부는 저희 팀이 직접 알아봄으로써 사업을 지속하면서 업체의 변화가 가능해짐 • 기술력과 명성은 충분하므로 프리미엄마케팅으로 콘셉트를 잡음으로써 한정적인 생산량이라는 단점을 장점으로 바꾸고 현상황보다 원단의 가격이 높은 것의 판매비중을 높여 매출을 향상시키는 쪽으로 방향을 잡음
결과	• 새가게운동 활동기간 동안 명장님 내외가 시간이 없어 챙기지 못하셨던 경영 및 매출 관리 및 향상을 위해 필요한 것들에 대한 준비를 완료 • 맞춤양복이라는 특성 및 프리미엄급 맞춤양복의 특성상 몇 개월의 활동으로는 매출부분에 있어 변화를 기대하기는 어려움 • 지속적인 SNS마케팅을 이용한 신규 고객 유치로 매출 상승을 꾀함	
홍보(마케팅)	• 홈페이지를 제외하고 SNS활동이 없음 • SNS를 전혀 모름 • 신규고객 유입이 적음	• 프리미엄 마케팅으로 콘셉트를 잡아 진행 • 네이버 블로그를 메인으로 하여 콘셉트에 맞게 고급지게 꾸미고 맞춤양복에 대한 정보를 다루는 블로그가 거의 없어 정보 등을 공유하면서 지속적으로 관리가 필요하다고 판단 • 네이버 모두, 네이버 폴라, 페이스북은 서브 채널로 네이버 블로그 및 홈페이지로 유입이 가능하도록 유도 • 활동기간이 끝나도 SNS를 사용하실 수 있도록 네이버 블로그에 포스팅 관련한 매뉴얼 쥬비
결과	• 네이버 블로그를 고급스런 느낌으로 만들고 맞춤양복에 대한 정보 등을 포스팅하면서 각 SNS채널과 연계를 시킴으로써 네이버 블로그나 홈페이지로 유입하도록 만듦 • 포스팅에 대한 매뉴얼을 만들어서 보고 쉽게 따라하실 수 있도록 만듦	
고객만족도 조사	• 고객만족도를 객관적으로 볼 수 있는 자료가 없음	• 맞춤양복을 맞춘 고객들 대상으로 작성하는 설문지를 만들어 객관적으로 고객의 의견을 볼 수 있게 만듦
결과	• 설문지를 인쇄해놓고 맞춤양복을 맞춘 고객들 대상으로 설문	
환경(시설) 개선	• 30년간 같은 곳에서 맞춤양복사업을 하여서 건물 자체가 오래되었음 • 내부인테리어도 기술력과 품질 및 가격대에 비해 떨어지는 내부인테리어 • 현재는 하지 않지만 예전에 사모님이 한복도 하여 남아 있는 어울리지 않는 한복원단	• 프리미엄 마케팅 콘셉트와 맞지 않는 내부 인테리어를 그에 맞게 변경함 • 가구 및 조명, 벽면 등을 전부 변화를 줌 • 고객이 사진을 찍을 수 있는 포토존을 만들어 마케팅에 활용 • 한복 원단을 고객이 볼 수 없게 만듦

환경(시설) 개선	결과	• 기존과는 다른 고급스런 느낌을 주는 내부 인테리어로 변화
		〈변경 전〉　　　　　　　　　　　〈변경 후〉
		〈변경 전〉　　　　　　　　　　　〈변경 후〉
		• 기존에 가구가 있던 왼벽면에 가구를 넣지 않고 포토존으로 이용

6. 컨설팅 맺음말 및 제언(提言)사항

구분	주요내용
맺음말	새가게 운동을 통하여 '○○○ 양복점'이라는 업체를 알게 되었고 첫 사전미팅에서부터 활동이 끝날 때까지인 지난 100일 동안 좀 더 나은 양복점을 만들기 위해 저희 팀과 명장님, 사모님 서로 많은 대화를 나누고 활동을 진행하면서 서로 간에 많은 것을 배우고 발전할 수 있는 기회가 되었습니다. 　　활동하는 기간 동안 매출의 향상은 없었지만 저희 모두 맞춤양복의 특성상 단기간에 매출향상은 어렵다는 것을 충분히 인지하고 있는 상태였기 때문에 '지속적인 SNS마케팅을 통하여 경기회복기와 발맞춰 장기적인 매출향상'을 목표로 하여 일을 진행하였습니다. 　　프리미엄 마케팅이라는 콘셉트를 위해 인테리어에 대해 잘 모르는 대학생들만 보고 무모할 수도 있는 내부인테리어를 바꾼다는 결정을 내려주셔서 걱정도 되었지만 명장님, 사모님으로부터 인정받고 있다는 느낌도 받았습니다. 　　방학 내내 진행하느라 서로 고생도 많았지만 그만큼 얻는 것도 많았던 새가게운동이었습니다.
제언사항	[업체전반] 필수 맞춤양복이라는 것이 사양산업이지만 ○○○ 양복점은 어디에 내놔도 손색이 없는 기술력과 품질을 가지고 있으므로 마케팅만 잘된다면 충성고객을 늘려나갈 수 있을 것입니다. 　　하지만 프리미엄 마케팅이더라도 명장님 혼자서 양복을 만드시므로 생산량에 한계가 있어 제자를 두거나 생산량을 늘릴 방안을 모색해야 합니다.

제언사항	[소상공인 관련 제도개선/법률제안 등]
	[현장실습을 통한 창업 아이디어 제안]

※ 부산시 행복재생창업-새가게운동과 관련된 서류는 일절 반환하지 않으며, 소유권 및 사용권은 (사)한국소점포경영지원협회에 있음

제 **4** 장

．．．．．．．．．．．．．．．．．．．．．．．．．．．．．．．．

캡스톤디자인 진행

1 캡스톤디자인 수업의 로드맵 및 강의계획서

교육부에서 규정하는 캡스톤디자인 과목의 성격은 다음과 같다.

① 1~2학년 동안 배운 전공교과목 및 이론 등을 바탕으로, 산업체(또는 사회)가 필요로 하는 과제를 대상으로 학생들이 스스로 기획과 종합적인 문제해결을 통해 창의성과 실무능력, 팀워크, 리더십을 배양하도록 지원하는 정규교과목으로, ② 교과목명에 '캡스톤디자인(capstone design)' 또는 '종합설계'를 부기하여 캡스톤디자인 여부가 명확하고, ③ 시제(작)품 제작 등을 위한 실험·실습비가 지급되며, ④ 팀 과제로 1학기 이상 운영되는 경우로, 캡스톤디자인의 목적에 맞는 결과물이 도출되어야 한다.

이 장에서는 학교에서 교수님들이 캡스톤디자인 과목을 진행할 때 새가게운동을 기본 모델로 하여 수업을 진행하는 방법을 설명한다. 기본적으로 캡스톤디자인 과목은 학생들이 중심이 되어 문제해결을 주도해 나가고 교수님들은 이에 대한 방향과 의견을 제시하는 식으로 전개됨을 기본 골격으로 한다.

그림 4-1   **캡스톤디자인 과정 로드맵**

1) 강의계획서

강 의 계 획 서

2017학년도

가을학기

경영학부 미션(mission)							
"전문적 지식과 창의적 사고를 바탕으로 실무능력을 발휘하는 글로벌 경영인재 양성"							
학수번호	105635-132,133	교과목명	캡스톤디자인	학 점	3	담당교수	이유태
강의시간	화, 목 6~7PM	강의실	C25-711	수강대상		경영학부	
과목구분	( ) 전공공통 (○) 전공필수 ( ) 전공선택	권장 선수과목	현장실습	관련 소프트웨어 등		Excel, Powerpoint	
수업 방식 (100%)	강의	10%	학습목표	( ) 전문적 역량 배양 (○) 실용적 역량 배양 ( ) 글로벌 역량 배양 (○) 창의적 역량 배양			
	사례/실습	80%					
	발표	10%					
담당교수 연락처	연구실 : 000호, E-mail : ABC@ 지정 면담시간(Office Hour) : by appts.			전화번호 : 000-000-0000			

* 중간고사를 전후하여 학습목표의 달성정도를 평가하기 위해 중간 강의평가를 실시합니다.

1. 강의목표(학습목표)

1~2학년 동안 배운 전공교과목 및 이론 등을 바탕으로, 산업체(또는 사회)가 필요로 하는 과제를 대상으로 학생들이 스스로 기획과 종합적인 문제해결을 통해 창의성과 실무능력, 팀워크, 리더십을 배양하는 것을 목표로 한다.

2. 주요 내용

본 수업은 캡스톤디자인 수업 유형 중에서 '기업연계형' 프로젝트를 다룬다.

• 참여 학생으로 구성된 팀과 지역 소상공인 기업체가 공동 참여

• 기업수요를 반영한 프로젝트, 기업과 연계된 프로젝트 도출, 기업의 애로사항 해결

• 지역 마을기업, 협동조합, 사회적기업 등의 대상을 포함

참고로 다른 두 가지 유형의 프로젝트에는 '사회기여형'과 '4차산업혁신형'이 있다.

▶ **사회기여형**
- 참여 학생으로 구성된 팀과 지역사회(비영리기관 등)가 공동으로 참여
- 지역사회 수요를 반영한 프로젝트, 지역과 연계된 프로젝트 도출, 지역의 애로사항 해결

▶ **4차산업혁신형**
- 참여 학생으로 구성된 팀과 기업체 또는 지역사회가 공동으로 참여
- 4차 산업혁명에 기반을 둔 프로젝트, 4차 산업혁명 관련 프로젝트 도출, 잠재적 문제해결
- 4차 산업혁명 기술 예시 : 무인운송수단, 3D 프린팅, 첨단 로봇공학, 신소재, 블록체인 등

3. 수업방법

학생 4명이 1팀을 구성하며(유학생이 있을 경우에는 1명을 포함하여 5명 1팀) (사)한국소점포 경영지원협회의 '새가게운동' 시행 사례를 참조하면서 수업 진행

4. 평가방법

1) 평가 항목 및 배점

평가 항목	배점(비율)	비고
① 업체 발굴 및 문제파악	15%	서식 1~3
② 계획 수립	15%	서식 5~6 : 내용 연계성이 있도록 작성
③ 문제해결 과정 수행	45%	서식 7, 7-1, 7-2 : 성실도 고려
④ 결과 보고서 및 발표	25%	서식 8
합계	100%	

＊ 서식의 제출 기일을 지키지 못할 경우 1일당 1점씩 감점

③ 문제해결 과정 수행 : [서식 7-2]의 팀 활동시간 기준 점수 안내(예시)

1주 2시간×10주	20시간	15점 : 35점 대비 1시간 1.5점씩 감함
1주 3시간×10주	30시간	35점 : 45점 대비 1시간 1점씩 감함
1주 4시간×10주	40시간	45점
1주 5시간×10주	50시간	50점(보너스 5점)
1주 6시간×10주	60시간	55점(보너스 10점) 최대치

＊ 40시간 이상 2시간 간격으로 1점씩 상승하는 식으로 채점

④ 결과 보고서 및 발표 채점 기준

구분	발표매너	defend	결과 보고서 구성	
			내용의 충실성 및 논리성	내용의 창의성
배점	2	5	10	8
비고		질의/응답		

2) 성적평가와 관련된 유의사항

　 -성적 등급의 부여는 기본적으로 학교에서 지침으로 정한 절대평가제로 한다.

5. 교재 및 참고도서

이유태, 캡스톤디자인 Workbook (현장실습형 문제해결), 시그마프레스, 2018.

6. 주별 강의일정

주별	강의내용	교재, 과제 및 기타 참고사항
제1주	캡스톤디자인 수업의 개요 및 진행 과정 설명	1. 교재 제4장 2. [서식 1, 2, 3]를 개강 후 20일째까지 *팀별로 업체가 정해지는 대로 담당 교수님께 업체명, 전화번호 등 기본 정보 최대한 빠르게 제출
제2주	팀별 활동 : 업체 발굴[서식 1] 팀 완성[서식 2] 사전 방문 조사서 작성[서식 3]	
제3, 4, 5주	팀별 활동 : 알마인드맵, OPPM, 상권분석, 유동인구조사 등을 활용하여 [서식 5] & [서식 6] 작성	지도교수 : [서식 4]를 개강 월 20일째까지 완성, 학생들의 [서식 1~3]을 참조하면서 각 팀별로 개강 후 30일째까지 피드백
		개강 후 40일째까지 [서식 5] & [서식 6] 제출
제5, 6, 7주	팀별 활동 : [서식 7]활동일지 작성하면서 캡스톤디자인 프로세스 진행	개강 후 둘째 달부터 2주 단위로 [서식 7, 7-1]활동일지 제출 및 [서식 7-2]활동대장 날인 확인 받음
제8주	팀별 활동 : [서식 7]활동일지 작성하면서 캡스톤디자인 프로세스 진행	(학교 전체 중간고사 기간)
제9~14주	팀별 활동 : [서식 7]활동일지 작성하면서 캡스톤디자인 프로세스 진행	1, 2주 단위로 [서식 7, 7-1]활동일지 제출 및 [서식 7-2]활동대장 날인 확인 받음 2. [서식 5] & [서식 6]에 변동 사항이 있는 경우 2차 수정 제출 기한은 개강 후 70일째 까지 제출
제15주	결과 보고서 발표/피드백	지도교수 : [서식 4]를 학기 말 14주차 째까지 완성, 학생들의 발표 시 피드백 제공 학생 : [서식 7-2]모음과 [서식 8] 제출

* 수업에 필요한 공지사항이나 과제물 제출, 자료, 질문 등은 학교 포털을 통하여 이루어진다.

캡스톤디자인 Flow Chart

1주	✓ 캡스톤디자인 OT ✓ 팀구성

[서식 1]
업체 참여신청서
[서식 2]
학생팀 지원신청서
[서식 3]
학생 팀 사전 방문 조사서
[서식 4]
지도교수 방문 조사서

2주	✓ 업체발굴, 사전방문 ✓ [서식] 1, 2, 3 　 개강 월 20일째 제출

3, 4, 5주	✓ 상권분석, 팀구성 ✓ 유동인구조사 등 ✓ [서식] 5, 6 　 개강 월 40일째 제출

[서식 5]
수행계획서
[서식 6]
MBO 성과 측정표

5, 6, 7주	✓ 팀별활동 ✓ [서식] 7, 7-1, 7-2 ✓ 2주 단위 제출/확인

8주	✓ 팀별활동 ✓ [서식] 7, 7-1, 7-2 ✓ 중간고사 기간

[서식 7] 활동일지
[서식 7-1]
온라인 SNS활동일지
[서식 7-2] 활동대장

9~14주	✓ 팀별활동 ✓ [서식] 7, 7-1, 7-2 ✓ [서식] 5, 6 수정 시 　 개강 월 70일째 제출

[서식 4]
지도교수 방문 조사서
[서식 8] 결과 보고서

15주	✓ 결과 보고서/발표 ✓ 피드백 ✓ [서식] 7-2 모음, 8

2) 참고자료

[참고자료 1] 프로젝트별 아이디어 맵

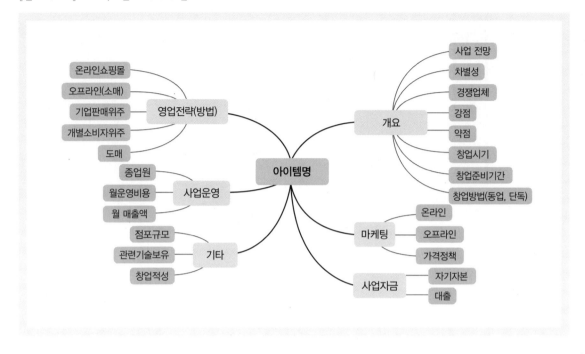

- 상기 내용을 참고하여 팀별 아이디어 맵 작성(알마인드 등 프리웨어 프로그램을 다운로드하여 작성)
- 상기 기본 항목을 참고하여 작성하되 팀별 프로젝트 특성에 맞게 변경 사용

[참고자료 2] 팀구성 및 역할분담

- OPPM(One Page Project Manager)활용
- 목표설정 및 업체 요구분석을 통한 팀원들의 역할분담

〈예시 1〉

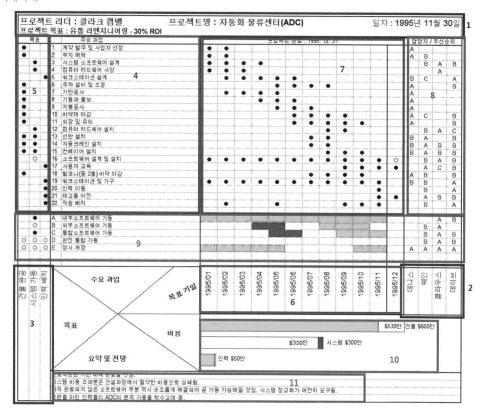

| 프로젝트 리더 : 클라크 캠벨 | 프로젝트명 : 자동화 물류센터(ADC) | 일자 : 1995년 11월 30일 |

프로젝트 목표 : 유통 리엔지니어링 - 30% ROI

주요 과업
1 계약 발주 및 사업자 선정
2 부지 해체
3 시스템 소프트웨어 설계
4 컴퓨터 하드웨어 사양
5 워크스테이션 설계
6 주차 설비 및 조경
7 기반공사
8 기둥과 철보
9 지붕공사
10 바닥재 마감
11 외장 및 유리
12 컴퓨터 하드웨어 설치
13 선반 설치
14 자동크레인 설치
15 컨베이어 설치
16 소프트웨어 설계 및 설치
17 사용자 교육
18 발코니(증 2층) 바닥 마감
19 워크스테이션 및 가구
20 인력 이동
21 재고품 이전
22 직원 배치

A 내부소프트웨어 가동
B 외부소프트웨어 가동
C 통합소프트웨어 가동
D 완전 통합 가동
E 정시 개장

1995/01 1995/02 1995/03 1995/04 1995/05 1995/06 1995/07 1995/08 1995/09 1995/10 1995/11 1995/12

수요 과업 / 목표 기일 / 목표 / 비용 / 요약 및 전망

$530만 건물 $600만
$320만 시스템 $300만
인력 $50만

프로젝트는 기한 내에 완료될 수 있음.
시스템 비용 초과분은 건설과정에서 절약한 비용으로 상쇄됨.
아직 완료되지 않은 소프트웨어 부분 역시 순조롭게 해결되어 곧 가동 가능해질 것임. 시스템 정교화가 여전히 요구됨.
처리를 마친 인력들이 ADC의 본격 가동을 학수고대 중.

〈예시 2〉

| 프로젝트 리더 : | 고정민_박카스팅 | 보고일 |

프로젝트명 : 달카페_소상공인 119 경영지원단
프로젝트 목표 : 온라인 마케팅을 통한 매출향상

세부목표 / 주요 과업 / 일정 / 담당자지원자
1 업체와 사전미팅
2 활동 전략 수립
3 온라인 커뮤니티 조사
4 타겟 시장 분석 및 조사
5 커뮤니티와 접촉 및 연락 (인터뷰)
6 설문조사 제작 및 배포
7 설문조사 결과 분석
8 마케팅 전략 수립
9 페이스북 페이지 개설
10 블로그 개설(네이버, 다음)
11 인스타그램 개설
12 각종 SNS 채널을 통한 마케팅
13 온라인 이벤트 아이디어 회의
14 온라인 이벤트 진행
15 온라인 이벤트 추첨 및 마무리
16 활동 자료 문서화
17 자료 점검 및 분석 향후 방향제시

리스크 및 질적 성과
녹색=적절함 노랑색=우려됨 황간색=위태로움
1 업체와의 지속적인 교류를 통한 관계 개선
2 예외 사항에 대한 대응
3 SNS 마케팅의 실효성 우려
4 접근성 및 지리적 한계 극복

프로젝트에 할당된 내부 인원

| 주요 과업 및 리스크 | 보고일자 | 10-13 | 10-14 | 10-20 | 10-26 | 11-5 | 11-8 | 11-13 | 11-17 | 11-23 | 11-30 |
| 요약일 전망 | 원가 | 이벤트 진행비 문서 인쇄비 교통비 식비 자료수집비 | | | | | | | | | |

시장및자료인어조사 / SNS마케팅(EX_온라인이벤트) / 설문조사활용을통한전략수립 / 자료문서화및정리 / 세부목표

고정민 박소현 최보예

상권 분석

상권소재지 :

구분	평가 항목	분석 (평가)			비고
		O	△	×	
지형적 지리적 조건	입지조망권				
	지형지세				
	상권분할 유무(자연 지형, 구조물, 도로)				
도로 교통망	역세권과의 접근성				
	대중교통수단과의 연계성				
	도로망과 도로폭				
	건널목, 지하도, 육교 등 유무				
	주변 주차여건				
상권내 소비자	타깃 연령층 수요				
	성별 구성비				
상권내 소비자	유동인구 (주야, 평일, 휴일)				
	소득수준과 소비성향				
	상권내 수요 (세대, 인구)				
편의 및 부적합시설	공공관련시설				
	관련편의시설				
	위해환경시설여부				
계					
종합의견	상권 특성 :	상권 평가 :			
		가		미결	부

점포소재지 :   희망업종 :

구분	평가 항목	분석(평가)			비고
		O	△	X	
점포 가치분석	주변시세대비 임대가와 권리금				
	점포의 규모 및 전용면적율				
	점포모양새와 점두길이				
	건물의 건축연대				
	엘리베이터 등 편의시설				
	출입구 동선 및 크기				
	천정고				
	냉난방 유무				
	건물규모와 업종배치				
경쟁력 분석	경쟁점 수준과 규모				
	경쟁점과의 입지 및 거리				
	동일업종 경쟁점포 유무				
	유사업종 유무				
기타사항	주차장 유무				
	화장실 등				
종합의견	점포입지특성 :	입지평가 :			
		가	미결		부

상권지도

유동인구 조사

구분		선정 점포 앞 통행인 수										
		20대 미만		30대 미만		40대 미만		50대 이상		합계		
		남	여	남	여	남	여	남	여	남	여	계
오전	08:00~09:00											
	09:00~10:00											
	10:00~11:00											
	11:00~12:00											
	소계											
오후	12:00~13:00											
	13:00~14:00											
	16:00~17:00											
	17:00~18:00											
	18:00~20:00											
	20:00~22:00											
	소계											
합계												

② 팀 결성 및 업체 선정

수업을 듣는 학생들이 팀을 구성하고 팀별로 주위에 어려운 소상공인 업체를 다음의 내용을 참조하여 발굴하고 [서식 1]을 담당교수님에게 제출한다. 소상공인 업체에게 새가게운동의 사례를 소개하면서 학생들과 업체가 문제해결을 위해서 같이 노력하여 좋은 결과가 있을 수 있음을 알리고 업체를 모집한다.[1]

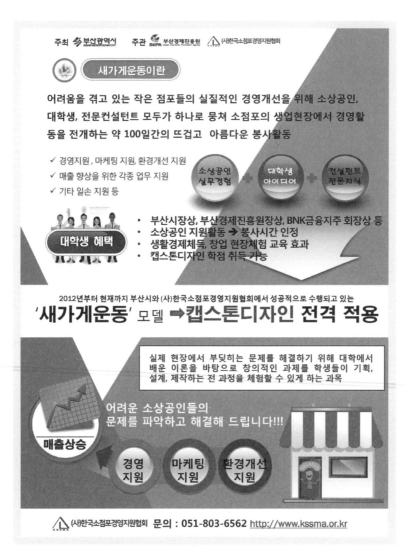

그림 4-2 새가게운동

---

1 물론 해당 교수님 혹은 학교에서 학생들을 위하여 주위의 전통시장이나 어려운 업체를 본 전단지 및 서식을 사용하여 모아서 학생 팀을 배정할 수 있다. 그리고 새가게운동의 사례는 언론매체에 있으므로 인터넷 검색에서 쉽게 찾아서 업체 모집 시 업체에 바로 제시할 수 있으며, 협회 홈페이지에서도 찾을 수 있다.

[서식 1] LINC+ 캡스톤디자인 업체 참여 신청서

대학교　　　　　팀명 :　　　　　　신청일 :

경영현황	대표자 성명	(서명 또는 인)	홈페이지(블로그)	
	업체명		업태/종목	
	사업개시일		연락처(사무실)	
	사업장주소		핸드폰	
			이메일	
	종업원	정규직(　명), 비정규직(　명)		
	소유구분	자가	만 원	사업장면적	(평)
		전세	보증금	만 원	월관리비	만 원
			월 세	만 원		
총 투자금액			월평균 매출액	만 원
회사소개				

시원 희망 사항에 체크✓ 바랍니다.	구분	내용	요청
	경영지원	경영분석, 경영개선 아이디어 도출, 고객 만속노 조사, 매뉴개발, 시장조사 등	
	마케팅	온·오프라인 마케팅	
	시설/환경미화	정리정돈, 내부 환경미화, 대청소, 기타 일손지원 등	

주의사항	※ 단 ①~⑤항에 해당하는 업무는 수행 불가 　① 운송수단(이륜자동차, 자동차 등)을 이용한 배달 업무 　② 기술과 숙련을 요하는 기계조작 업무 　③ 무리한 육체적 업무 　④ 안전상 위해요소가 있는 업무 　⑤ 기타 대학생에게 적합하지 않다고 판단되는 업무 ※ 대학생 경영지원봉사단은 인턴이나 아르바이트생이 아님

[서식 2] LINC+ 캡스톤디자인 학생팀 지원 신청서

팀명						
과목명				팀 특성	☐ 기본형,	☐ 융합형
프로젝트분야§		☐ 기업연계형,	☐ 사회기여형,	☐ 4차산업혁신형		
지도교수※	직급			성명		
관련 기업 및 지역사회						

프로젝트 팀 구성

구분	학부(과)	학년	학번	성명	담당업무	휴대폰	E-Mail
팀장				(서명/인)			
팀원				(서명/인)			
팀원				(서명/인)			
팀원				(서명/인)			
팀원				(서명/인)			
팀원				(서명/인)			
팀원				(서명/인)			
팀원				(서명/인)			
팀원				(서명/인)			
총 인원		명					

활동 개요	– – –

본인은 위와 같이 LINC+사업단의 캡스톤디자인 지원 사업에

참가하기 위하여 지원 신청서를 제출하며, 동 사업의 제반사항 준수 및

활동을 성실히 수행할 것을 서약합니다.

년   월   일

[서식 2-1] LINC＋ 캡스톤디자인 지원 신청서(유학생용)

유학생 프로필

성명		출생년도		년도(만 세)
국적		TOPIK급수		
연락처		E-Mail		
한국거주년수		한국거주지		

학력 (대학이상 기재)	학교	전공과목	학위	졸업년도

자격	자격증명	자격증번호	취득년월일	발급기관

자기소개 (주요경력 등 기재)

＊1페이지 이내 작성 요망

③ 업체 사전 방문 조사

대학생 팀과 담당 교수님은 [서식 3]과 [서식 4]를 각각 사용하여 업체를 방문해서 사전조사를 실시한다. 담당 교수님은 업체를 학기 중에 최대 두 번 방문하는데 사전에 방문하여 작성한 [서식 4] '업체 경영진단 체크리스트'와 '업체 경영진단 현황표'를 작성하여 학생들의 대상 업체를 파악하고 향후 학생 팀을 지도할 때 참고할 수 있다. 또한 이 사전조사서를 학생들에게 피드백하여 향후 학생들이 활동하는 데 있어 참조하도록 한다. 필요 시 이 책에서 제공하는 서식을 적절히 변형하여 해당 학교 캡스톤디자인 서식에 준용하여 사용함을 권장한다.

[서식 3] LINC + 캡스톤디자인 학생 팀 사전 방문 조사서

항목	체크리스트	Y	N
자료조사 및 수요조사	• 상품기본정보에 대한 설명 또는 자료가 있는가? – 기능 및 성능, 상품용도, 콘셉트		
	• 경쟁회사의 특징, 제품 등에 대한 자료조사는 되어 있는가?		
	• 제품의 유통구조와 특징에 대하여 설명 되었는가?		
	• 제품에 대한 장단점 분석 자료에 대한 설명		
타깃층 분석	• 키워드 분석 자료는 있는가? – 연령별, 성별, 지역별 검색어, 연관검색어, 해시태그		
	• 오픈마켓 분석자료는 있는가? – 키워드, 상품광고 매뉴얼, 절차 등		
	• 온라인 커뮤니티 조사 자료는 있는가? – 카페, 블로그, 페이스북, 인스타		
	• 마케팅 기획서는 작성되어 있는가? – 마케팅 트랜드(정치, 경제, 사회, 기술 동향)		
	• 기존고객에 대한 분석 자료는 작성되어 있는가? – 연령 및 지역통계, 네트워크분석, SNS사용빈도 등		
홍보 및 판매 채널 운영현황	• 운영되고 있는 홍보채널이 있는가? – 블로그, 페이스북, 인스타그램, 유튜브 등		
	• 운영되고 있는 판매채널은 있는가? – 오픈마켓, 스토어팜		
	• 홍보채널의 운영 방향은 어떻게 설정되어 있는가? – 유료광고, 무료광고		
홍보 채널 구축	• 제품소개를 어떻게 하고 있는지?(미팅한 의견을 적어주세요!) – (회사소개서, 제안서, 홈페이지, 기타 채널 활용)		

| 홍보 채널
구축 | • 행사기획, 이벤트기획에 대한 진행 여부?(미팅한 의견을 적어주세요!)
 – (플리마켓, 현장마케팅, 박람회 등) | | |
| | • 고객관리 및 거래처 관리는 어떻게 운영되고 있는가? (미팅한 의견을 적어주세
요!)
 – (전산관리, 정기적 웹진발송, 이메일 관리, 방문관리 등) | | |

항목	체크리스트	Y	N
마케팅 매뉴얼 (위기 관리 대응)	• 키워드 전략 운영 매뉴얼은 단계적으로 구성되어 있는가?		
	• 타깃 고객층 전략은 구성은 되어 있는가?		
	• 오픈마켓 운영 매뉴얼은 구성되어 있는가?		
	• 마케팅 일정 등 단계별 진행사항은 이루어지고 있는가?		
기타	• 경영개선에 대한 의견은? (미팅한 의견을 적어주세요!)		
	• 환경개선에 대한 의견은? (미팅한 의견을 적어주세요!)		
	• 기타 다른 의견은 있는지? (미팅한 의견을 적어주세요!)		
구분	전반적 의견		

201 ． ． ．

작성자 :　　　　　　 팀　　성명

업체 경영진단 체크리스트

작성자 : 업체 대표/지도교수님　　　　　　　　　　작성시기 : 사전/사후 조사 2회 실시

진단항목	체 크 사 항	아주 좋음 5	좋음 4	보통 3	나쁨 2	아주 나쁨 1	결과
1. 상품·서비스 품질	1. 아이템선정 [평균점수 :　] – 사전 조사만 실시(사후 조사 해당 없음)						
	① 사업발전 단계상 성장기 업종을 선택하고 있는가?						
	② 경쟁업종 아이템에 대한 분석은 실시하고 있는가?						
	③ 아이템 선정 시 본인의 적성 및 능력을 충분히 고려하고 있는가?						
	④ 업종에 대한 충분한 이해와 정보를 통해 아이템(상품, 서비스 등)을 선정하고 있는가?						
	⑤ 창업 전 업종에 대한 관련 경험을 쌓기 위해 현장에서 실무경험을 6개월 이상 쌓았는가?						
	⑥ 업종 선택 시 유행이나 반짝이는 아이템보다 안정적이고 수요가 지속적으로 창출되는가에 초점을 두었는가?						
	2. 메뉴, 상품선정 및 개발 [평균점수 :　]						
	① 고객의 기호 및 트랜드를 수시로 점검하고 있는가?						
	② 판매 상품의 종류를 다양하게 준비하고 있는가?						
	③ 주변 경쟁업체 대비 차별화된 부가 서비스를 제공하고 있는가?						
	④ 고객이 특별히 애용하는 전략상품을 보유하고 있는가?						
	⑤ 지속적으로 신상품을 출시하고 있는가?						
	⑥ 신상품 출시 및 메뉴 개발 시 단골고객의 피드백을 받고 있는가?						
	3. 경험 및 자기개발 [평균점수 :　]						
	① 기술습득을 위해 관련 업종 세미나 참석 및 업계동향을 잘 파악하고 있는가?						
	② 변화하는 트렌트(맛, 기술, 소비자 기호 등)에 맞추기 위해 스스로 자기투자를 꾸준히 하고 있는가?						
	③ 경험이나 자문 등을 통해 문제해결을 할 수 있는 인적 네트워크(멘토, 지인 등)는 있는가?						
	④ 개선사항, 순간 아이디어 등을 기록하는 수첩 등이 있는가?						
	⑤ 회계, 법령, 경영관련 정부 및 지자체의 자문단체의 연락처는 비치되어 있는가?						

1. 상품·서비스 품질	4. 품질관리 [평균점수 :]						
	① 제공하는 상품 및 서비스는 항상 최상의 상태에서 고객에게 제공되고 있는가?						
	② 상품 진열 시 불량품 검사를 실시하고 있는가?						
	③ 취급하는 제품에 대한 특성을 잘 파악하고 있어 고객의 불만사항을 사전에 방지하고 있는가?						
	④ 고객으로부터 상품과 관련하여 접수된 불만사항은 개선되고 있는가?						
	⑤ 상품의 사용 오류를 최소화하는 사용설명서가 제품 안에 들어 있는지 확인하는가?						
	5. 유통기한 준수 [평균점수 :]						
	① 유통기간이 지난 상품은 폐기처리하고 있는가?						
	② 상품에 표기된 유통기한을 준수하여 판매하고 있는가?						
	③ 반품하는 상품과 판매하는 상품을 구분하여 관리하고 있는가?						
	④ 유통기간이 임박한 상품은 할인판매 등으로 처리하고 있는가?						
	⑤ 제품에 따라서 제품 년월일, 유통기한은 표시하고 있는가?						
	6. 구매관리 [평균점수 :]						
	① 공급업자는 상품공급에 대한 납기일을 잘 준수하고 있는가?						
	② 주문 상품과의 불일치를 예방하기 위해 상호 처리조건은 명확히 하고 있는가?						
	③ 공급업체에게 주문한 재료는 수량 및 품질과 동일하게 배달되고 있는가?						
	④ 상품 수급 시 약정된 품질의 수준으로 공급받도록 주문내역은 문서화하고 있는가?						
	⑤ 수시로 원재료 구입을 위한 시장조사는 하고 있는가?						
	⑥ 원활한 공급 확보를 위해 공급업자 후보는 2~3군데 이상 확보해 놓고 있는가?						
	7. 재고관리 [평균점수 :]						
	① 상시 판매가 가능하도록 재고는 확보되어 있는가?						
	② 재고 상태를 파악하기 위해 주기적으로 재고관리를 하고 있는가?						
	③ 재고관리 현황표를 작성하여 제품의 사용현황 파악을 하고 있는가?						
	④ 주문일지 작성을 통해 제품의 필요수량을 파악하고 있는가?						
	⑤ 배달된 원자재가 주문한 상품과 동일한 품목이고 수량이 맞는지 확인하고 있는가?						

진단항목	체 크 사 항						
1. 상품ㆍ서비스 품질	8. 배송관리 [평균점수 :]						
	① 고객으로부터 접수된 주문을 적기에 배송 가능한 업체를 선정하고 있는가?						
	② 배송업체는 상품의 파손 및 훼손이 없도록 안전한 포장과 관리에 유의한 업체인가?						
	③ 배송업체는 고객으로부터 반품 요청 시 신속하게 처리하고 있는가?						
	④ 배송상황을 잘 관리하고 있는 배송업체를 선정하고 있는가?						
	⑤ 고객이 주문한 상품에 대해 주문 및 배송상황이 모니터링되고 있는가?						
평 균							

진단항목	체 크 사 항	아주좋음	좋음	보통	나쁨	아주나쁨	결과
		5	4	3	2	1	
2. 고객관리	1. 고객서비스 [평균점수 :]						
	① 전 직원은 고객에게 친절한 서비스를 제공하고 있는가?						
	② 고객접객의 문제점을 종업원과 공유하는가?						
	③ 고객은 이탈하지 않고 단골고객으로 자리매김하고 있는가?						
	④ 현장에서 고객 유형에 따른 대응은 적절한가?						
	⑤ 종업원은 고객이 고압적인 태도를 보일 경우 부드럽게 응대하는가?						
	⑥ 고객에게 주문받는 타이밍은 적절한가?						
	⑦ 고객 불평에 대해 즉시 대응하고 있는가?						
	⑧ 고객서비스 만족 향상을 위해 고객의 피드백(대면조사)을 받고 있는가?						
	⑨ 고객의 피드백 및 평가 후 이를 상품 및 서비스 향상에 반영하고 있는가?						
	2. 우수고객 관리 [평균점수 :]						
	① 고객관리를 위해 주요고객 할인제를 실시하고 있는가?						
	② 단골고객 관리를 위한 고객카드(고객DB)를 작성하고 있는가?						
	③ 우수고객에 대한 멤버십관리가 이루어지고 있는가?						
	④ 고객확보를 위한 쿠폰제는 실시하고 있는가?						
	⑤ 고객의 사후관리를 위해 고객의 특성을 잘 파악하여 기록하고 있는가?						
	⑥ 서비스 종료 후에도 고객에게 좋은 정보 제공으로 고객관리를 지속적으로 하고 있는가?						
평 균							

진단항목	체 크 사 항	아주좋음	좋음	보통	나쁨	아주나쁨	결과
		5	4	3	2	1	
3. 종업원 관리	1. 종업원 교육 및 전문성 [평균점수 :]						
	① 종업원은 업무지식과 기술을 연마하기 위해 지속적으로 노력하고 있는가?						
	② 고객을 대하는 방법, 상품지식에 대한 내용 등에 대한 교육은 이루어지고 있는가?						
	③ 점포운영 매뉴얼이 작성되어 종업원에게 배포하고 있는가?						
	④ 종업원 청결에 관한 지침서는 마련되어 있는가?						
	⑤ 취급상품에 대해 종업원은 상세히 잘 알고 있는가?						
	⑥ 종업원 이직 시 업무인수인계는 철저히 하도록 하는가?						
	⑦ 고객이 전화 주문 시 종업원은 친절하게 응대하고 있는가?						
	⑧ 전화 주문에 대한 응대요령을 종업원에게 교육하는가?						
	2. 종업원의 채용 및 만족도 [평균점수 :]						
	① 점포의 유형에 맞는 연령대의 종업원이 고용되어 있는가? (예 : 패스트푸드점 – 20대 발랄한 종업원)						
	② 중국 및 조선족 등을 채용 시 언어소통이 안 되거나 불친절함 없이 고객을 친절하게 대하고 있는가?						
	③ 외국인 채용 시 적법한 형태로 고용하고 있는가?						
	④ 종업원은 업무에 만족하고 있는가?						
	⑤ 조직원 간의 친밀도 및 조직 내 분위기는 좋은가?						
	⑥ 종업원 이직이 자주 발생하지 않고 안정적으로 근무하는 편인가?						
평 균							

진단항목	체 크 사 항	아주좋음	좋음	보통	나쁨	아주나쁨	결과
		5	4	3	2	1	
4. 시설 및 인테리어	1.상품진열 [평균점수 :]						
	① 점포의 최적공간을 주력상품으로 진열하고 있는가?						
	② 상품진열은 고객의 수요를 분석하여 다양한 물건으로 진열되어 있는가?						

진단항목	체 크 사 항						
4. 시설 및 인테리어	③ 잘 팔리는 상품은 고객의 눈에 잘 띄게 진열되어 있는가?						
	④ 상품진열이 쇼핑에 용이하도록 되어 있는가?						
	⑤ 쇼윈도는 상품 정보를 정확하게 표현하고 있는가?						
	⑥ 진열대의 상품들은 먼지가 없으며, 깨끗한가?						
	⑦ 계절상품 진열 시 조명과 함께 음악이나 사진, 미술품 등의 소품들도 계절이나 유행에 맞게 교체하고 있는가?						
	2. 개점, 폐점관리 [평균점수 :]						
	① 점포 오픈, 폐점 시간은 매일 일정한가?						
	② 영업시간 이전에 점포 오픈 준비는 완료되어 있는가?						
평 균							

진단항목	체 크 사 항	아주좋음	좋음	보통	나쁨	아주나쁨	결과
		5	4	3	2	1	
5. 홍보, 판로 문제 판로문제	1. 홍보, 판촉 [평균점수 :]						
	① 고객의 구매 욕구를 자극할 판촉 전략을 수립하는가?						
	② 고객에게 무엇을 판매하는지를 집중적으로 알리고 있는가?						
	③ 고객확보를 위한 전단지 배포 효과가 충분할 정도로 전단지 내용에 충 실을 기하였는가?						
	④ 주거지역이 아닌 타 지역에 입점하여 지역 거주민들과 잘 어울리고 있 는가?						
	⑤ 점포 홍보를 위해 지역사회 모임에 적극적으로 참여하고 있는가?						
	⑥ 고객의 만족도 체크는 수시로 하고 있는가?						
	⑦ 고객서비스 제공 후 사후관리는 잘하고 있는가?						
	2. 판로 확보 [평균점수 :]						
	① 판로 확보를 위해 SNS, 블로그 등을 통해 상품의 인지도를 높이고 있 는가?						
	② 유사 업종끼리 협력체제를 구축하여 비용절감 및 생산성을 높이고 있 는가?						
	③ 상품판매를 위한 다양한 판로가 확보되어 있는가?						

진단항목	체 크 사 항						
5. 홍보, 판로 문제 판로문제	④ 판로 확보를 위해 지역전시회, 박람회 참가, 정부지원 판로개척행사 참여 등을 통한 제품 홍보는 꾸준히 하고 있는가?						
	⑤ 공동판매 등 동종 협의체가 구성되어 있는가?						
평 균							

진단항목	체 크 사 항	아주좋음	좋음	보통	나쁨	아주나쁨	결과
		5	4	3	2	1	
6. 매출관리	1. 판매계획 [평균점수 :]						
	① (일일, 주간, 월간) 판매목표 계획을 세우고 있는가?						
	② 판매계획 수립 시 매출계획 및 주요 판매처를 예측하고 있는가?						
	③ 점포에서 판매되고 있는 상품별 매출동향을 파악하고 있는가?						
	④ 일일 매출 변화추이를 꾸준히 관찰하고 있는가?						
	⑤ 일일 매출의 중대변화 발생 시 구체적인 대응방안을 모색하고 있는가?						
	2. 판매 가격 [평균점수 :]						
	① 상품의 원가를 분석하여 판매가격을 결정하고 있는가?						
	② 타 점포의 저가 전략에 대응하여 차별화된 가격전략을 수립하고 있는가?						
	③ 판매가격대는 저가에서 고가까지 다양하게 구성되어 있는가?						
	④ 판매가격은 원재료비, 인건비 등 각종 경비를 고려하여 책정하고 있는가?						
	⑤ 인건비 절감으로 가격인하를 유도하고 있는가?						
	3. 매출 기록 [평균점수 :]						
	① 매출목표와 매출실적을 주기적으로 기록하고 있는가?						
	② 입금 및 출금 내역을 정확히 기록하여 수시로 손익 파악을 하고 있는가?						
	③ 점포의 수익성 분석을 매월 하고 있는가?						
	④ 현금입출금 내역은 맞는지 매일 확인하고 있는가?						
	⑤ 매출관리를 위해 POS 시스템을 도입하여 사용하고 있는가?						
	⑥ POS 시스템으로 매출분석은 실시하고 있는가?						
	⑦ POS 시스템으로 잘 팔리는 상품, 메뉴를 파악하고 있는가?						
평 균							

업체 경영진단 현황표

진단항목	평균 점수	체크사항	항목별 평균	진단의견
1. 상품/서비스 품질		① 아이템 선정		
		② 메뉴, 상품선정 및 개발		
		③ 경험 및 자기개발		
		④ 품질관리		
		⑤ 유통기한 준수		
		⑥ 구매관리		
		⑦ 재고관리		
		⑧ 배송관리		
2. 고객관리		① 고객서비스		
		② 우수고객 관리		
3. 종업원관리		① 종업원 교육 및 전문성		
		② 종업원의 만족도		
4. 시설 및 인테리어		① 상품진열		
		② 개점, 폐점관리		
5. 홍보, 판로문제		① 홍보, 판촉		
		② 판로 확보		
6. 매출관리		① 판매계획		
		② 판매 가격		
		③ 매출 기록		
평 균				
종합의견				

1) 경영진단 체크리스트 사용설명

- 업주/담당교수가 같이 항목별로 자가 진단표를 작성하여 필요항목에 대한 점수를 확인하고 이를 개선하는 방향으로 진행 — 사전/사후 2회 실시
- 업종에 따라서 필요 시 체크리스트 항목 변경할 수 있음
- 기대효과 : 소상공인들의 영역별 취약점을 파악하여 대응방안을 찾을 수 있음

2) 경영진단 결과의 활용

경영진단 점수 평가 내용은 다음과 같다.

구분	1단계	2단계	3단계	비고
평균점수	5.0점~4.0점	3.9점~3.0점	2.9점~1점	
영역	저위험(좋음)	중위험(중간)	고위험(나쁨)	
활용가이드	개선필요	위기관리 실행	전문기관 지원필요	

- 사전, 사후 조사(2회 진행)를 통해 개선사항 통계 지표로 활용
    - 대학생팀 MBO 및 수행계획서 작성 시 참고 자료 사용

3) 경영진단 체크리스트 작성방법

(1) 진단항목 체크리스트 작성 예시

업체 경영진단 체크리스트

작성자 : 업체 대표/지도교수님   작성시기 : 사전/사후 조사 2회 실시

진단항목	체크사항	아주좋음	좋음	보통	나쁨	아주나쁨	결과
		5	4	3	2	1	
	1. 아이템선정 [평균점수 : 3.33] — 사전 조사만 실시(사후 조사 해당 없음)	5	4	9	2	0	20
	① 사업발전 단계상 성장기 업종을 선택하고 있는가?			✓			①
	② 경쟁업종 아이템에 대한 분석은 실시하고 있는가?				✓		
	③ 아이템 선정 시 본인의 적성 및 능력을 충분히 고려하고 있는가?		✓				
	④ 업종에 대한 충분한 이해와 정보를 통해 아이템(상품, 서비스 등)을 선정하고 있는가?			✓			
	⑤ 창업 전 업종에 대한 관련 경험을 쌓기 위해 현장에서 실무경험을 6개월 이상 쌓았는가?	✓					
	⑥ 업종 선택 시 유행이나 반짝이는 아이템보다 안정적이고 수요가 지속적으로 창출되는가에 초점을 두었는가?			✓			

① 업체 방문을 통해서 진단항목에 대해서 체크

(2) 진단항목별 점수 계산 예시

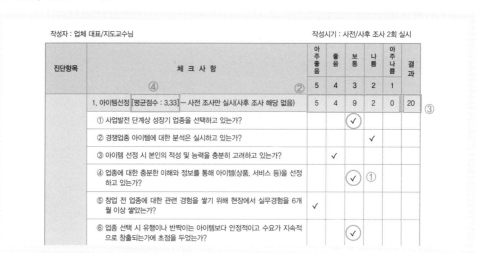

작성자 : 업체 대표/지도교수님　　　　　　　작성시기 : 사전/사후 조사 2회 실시

진단항목	체 크 사 항 ④	아주좋음 5	좋음 4	보통 3	나쁨 2	아주나쁨 1	결과
	1. 아이템선정 [평균점수 : 3.33] ② – 사전 조사만 실시(사후 조사 해당 없음)	5	4	9	2	0	20 ③
	① 사업발전 단계상 성장기 업종을 선택하고 있는가?			✓			
	② 경쟁업종 아이템에 대한 분석은 실시하고 있는가?				✓		
	③ 아이템 선정 시 본인의 적성 및 능력을 충분히 고려하고 있는가?		✓				
	④ 업종에 대한 충분한 이해와 정보를 통해 아이템(상품, 서비스 등)을 선정하고 있는가?			✓ ①			
	⑤ 창업 전 업종에 대한 관련 경험을 쌓기 위해 현장에서 실무경험을 6개월 이상 쌓았는가?	✓					
	⑥ 업종 선택 시 유행이나 반짝이는 아이템보다 안정적이고 수요가 지속적으로 창출되는가에 초점을 두었는가?			✓			

① 진단항목에 체크

② 진단항목에 대한 합을 기입

③ '결과' 항목에 체크한 합을 기입

④ '결과' 값을 질문 항목으로 나눔(예 : 아이템 선정 항목의 질문 6개면 20/6 = 3.33)

(3) 진단항목별 평균 작성 예시

진단항목	체 크 사 항	아주좋음 5	좋음 4	보통 3	나쁨 2	아주나쁨 1	결과
	1. 고객서비스 [평균점수 : 2.88] ①	0	12	9	4	1	26
	① 전 직원은 고객에게 친절한 서비스를 제공하고 있는가?		✓				
	② 고객접객의 문제점을 종업원과 공유하는가?			✓			
	③ 고객은 이탈하지 않고 단골고객으로 자리매김하고 있는가?		✓				
	④ 현장에서 고객 유형에 따른 대응은 적절한가?				✓		
	⑤ 종업원이 고객이 고압적인 태도를 보일 경우 부드럽게 응대하는가?		✓				
	⑥ 고객에게 주문받는 타이밍은 적절한가?			✓			
2. 고객관리	⑦ 고객 불평에 대해 즉시 대응하고 있는가?			✓			
	⑧ 고객서비스 만족 향상을 위해 고객의 피드백(대면조사)을 받고 있는가?				✓		
	⑨ 고객의 피드백 및 평가 후 이를 상품 및 서비스 향상에 반영하고 있는가?				✓		
	2. 우수고객 관리 [평균점수 : 3.50] ②	5	8	6	2	0	21
	① 고객관리를 위해 주요고객 할인제를 실시하고 있는가?		✓				
	② 단골고객 관리를 위한 고객카드(고객DB)를 작성하고 있는가?	✓					
	③ 우수고객에 대한 멤버십관리가 이루어지고 있는가?			✓			
	④ 고객확보를 위한 쿠폰제는 실시하고 있는가?		✓				
	⑤ 고객의 사후관리를 위해 고객의 특성을 잘 파악하여 기록하고 있는가?				✓		
	⑥ 서비스 종료 후에도 고객에게 좋은 정보 제공으로 고객관리를 지속적으로 하고 있는가?			✓			
평균		3.19 ③	5	20	15	6	1	47

③의 평균은 (①+②)/고객관리 문항 수(예 : (2.88+3.50)/2 = 3.19)

업체 경영진단 현황표

진단항목	평균 점수	체크사항	항목별 평균	진단의견
1. 상품/서비스 품질	② 3.02	① 아이템 선정	3.35	①
		② 메뉴, 상품선정 및 개발	2.50	
		③ 경험 및 자기개발	2.05	
		④ 품질관리	4.23	
		⑤ 유통기한 준수	3.25	
		⑥ 구매관리	2.15	
		⑦ 재고관리	3.25	
		⑧ 배송관리	2.50	
2. 고객관리	3.17	① 고객서비스	3.50	
		② 우수고객 관리	2.84	
3. 종업원관리	3.09	① 종업원 교육 및 전문성	3.60	
		② 종업원의 만족도	2.50	
4. 시설 및 인테리어	4.50	① 상품진열	4.50	
		② 개점, 폐점관리	4.50	
5. 홍보, 판로문제	3.07	① 홍보, 판촉	3.25	
		② 판로 확보	4.25	
6. 매출관리	3.06	① 판매계획	3.25	
		② 판매 가격	2.05	
		③ 매출 기록	3.60	
평 균	3.45			
종합의견				

① 〈진단항목별 점수표〉끝이 짝싱한 섬수

② '①'의 총점을 진단항목 '1. 상품/서비스품질' 체크사항 질문 개수로 나누어 기입

(5) 업체 경영진단-진단항목별 평균표 작성 예시

진단항목	평균 점수	체크사항	항목별 평균	진단의견
1. 상품/서비스 품질 ①	3.02	① 아이템 선정	3.35	
		② 메뉴, 상품선정 및 개발	2.50	
		③ 경험 및 자기개발	2.05	
		④ 품질관리	4.23	
		⑤ 유통기한 준수	3.25	
		⑥ 구매관리	2.15	
		⑦ 재고관리	3.25	
		⑧ 배송관리	2.50	
2. 고객관리	3.17	① 고객서비스	3.50	
		② 우수고객 관리	2.84	
3. 종업원관리	3.09	① 종업원 교육 및 전문성	3.60	
		② 종업원의 만족도	2.50	
4. 시설 및 인테리어	4.50	① 상품진열	4.50	
		② 개점, 폐점관리	4.50	
5. 홍보, 판로문제	3.07	① 홍보, 판촉	3.25	
		② 판로 확보	4.25	
6. 매출관리	3.06	① 판매계획	3.25	
		② 판매 가격	2.05	
		③ 매출 기록	3.60	
평균 ②	3.45			
종합의견				

① 진단항목의 평균점수

② '①'의 평균값 작성

④ 경영지원 요소 파악 및 팀 활동

이를 위하여 '[서식 5] LINC+ 캡스톤디자인 수행계획서'와 '[서식 6] LINC+ 캡스톤디자인 MBO 성과측정표'를 작성한다. 이에 대한 예시는 제3장 '4. 새가게운동 중요 서식 작성 예시'에서 볼 수 있다. 이를 작성 시 참고할 수 있는 자료는 강의계획서에 첨부된 알마인드, OPPM, 상권분석, 유동인구 조사 등이다.[2]

---

2 한국소점포지원협회 홈페이지를 방문하여 더 많은 예시를 볼 수 있다.

[서식 5] LINC+ 캡스톤디자인 수행계획서

제출일 : 201   .   .   .

업체명			팀명	
대표자 성명		(서명)	팀장	(서명)
대표자 연락처	(H.P)		팀장 연락처	(H.P)
팀원 명단				

세부 내용	주별회차	일정	회차별 수행내용
	1		
	2		
	3		
	4		
	5		
	6		
	7		
	8		
	9		
	10		

1. 캡스톤디자인 전체기간에 대한 계획 기재; 개강 후 5주차 늦어도 6주차부터 활동을 시작할 수 있게 계획을 짜야 하며 10여 회차 활동 가능
2. [서식 6] LINC+ 캡스톤디자인 MBO 성과측정표와 연결되게 수행계획서 작성

[서식 6] LINC+ 캡스톤디자인MBO 성과측정표

목표관리법(MBO : Management by Objective)에 의한 성과측정

제출일 : 201 .   .

업체명			팀명	
대표자 성명		(서명)	팀장	(서명)
대표자 연락처	(H.P)		팀장 연락처	(H.P)
팀원 명단				
지표[1]	성과평가 기준[2]	현재 현황 (1-10 scale)[3]	목표수립 (1-10 scale)[3]	업주 확인[a] (자필서명)
매출향상				
마케팅활동				
시설 및 환경 개선				

1. 필요 시 품질향상, 고객증대 등의 세부 항목을 마케팅활동에 포함시켜 할 수 있음
2. 성과평가 기준에 대한 설명 첨부
3. 지표 성과를 1-10 스케일로 지수화
a. 현재 현황과 목표수립에 대한 업체 확인을 스캔하여 제출
   * 이후 변동이 있을 경우 한 번 더 수정할 수 있다.
     이와 같은 경우 변경된 MBO 기준에 맞게 [서식 5]을 다시 맞게 수정하여 같이 제출한다.
     만약 임의로 변동하여 제출한 [서식 6]과 결과물이 맞지 않을 경우 감점 처리 대상이 된다.
   ** 지표는 3개 중에서 하나만 선택해도 됨

1) [서식 6] MBO 간단 예시

〈참고 1〉 매출향상 성과 기준표

매출액 증가율
　　　　　　　　　　　　　　　　　　　　　　　　　　　　　　　: 현재, ▨▨▨ : 목표

구분	1	2	3	4	5	6	7	8	9	10
매출액 증가율(%)	0~20 미만	20~40 미만	40~60 미만	60~80 미만	81~100 미만	100~120 미만	120~140 미만	140~160 미만	160~180 미만	180% 이상

설명 2015년 4월 매출액 대비 매출 증가율을 매출향상 성과 기준표로 정했습니다. 저희 팀의
　　　목표는 최종적으로 scale 6의 101~120%의 매출액 증가를 달성하는 것입니다.

매출액
　　　　　　　　　　　　　　　　　　　　　　　　　　　　　　　: 현재, ▨▨▨ : 목표

구분	1	2	3	4	5	6	7	8	9	10
매출액 (만 원)	0~30 미만	30~60 미만	60~90 미만	90~120 미만	120~150 미만	150~180 미만	180~210 미만	210~240 미만	240~270 미만	270~300 미만

설명 현재 유기농보리빵집의 매출이 70만 원 정도이며, 3개월 동안 활동하여 먼저 180만 원
　　　정도를 목표로 잡고, 향후 200만 원 이상이 되도록 마케팅을 할 계획입니다.

　　▶ '매출액 증가율'과 '매출액'을 더한 평균의 결과 값이 최종 scale

〈참고 2〉 마케팅활동 성과 기준표

전단지 제작 및 전량 배포
　　　　　　　　　　　　　　　　　　　　　　　: 현재, ▨▨▨ : 목표

구분	1	5	10
전단지 제작 및 전량 배포	전단지 제작을 하지 않을 시	전단지 제작만 하고 배포는 히지 않을 시/신탕 배보 실패 시	전단지 제작과 전량 배포를 했을 시

설명 첫 번째는 전단지 제작 및 전량 배포입니다. ○○○유기농보리빵은 인근의 경쟁업체(유명
　　　제과업체 P사)에 가려 지역 소비자들의 인지도가 부족했습니다. 그리하여 ○○○유기농보
　　　리빵만이 가지고 있는 강점(국내산, 무방부제, 무색소, 당뇨환자에 좋음) 등을 살린 전단
　　　지를 만들고 지역주민에게 배포하기로 하였습니다. 목표는 scale 10입니다.

〈참고 3〉 시설 및 환경 개선 성과 기준표

청소 횟수   : 현재,　　: 목표

구분	1	2	3	4	5	6	7	8	9	10
청소 횟수	0~1회	2회	3회	4회	5회	6회	7회	8회	9회	10회

설명 첫 번째로, 청소 횟수를 성과평가 기준으로 정하였습니다. 청소는 먼지 제거, 매직블럭 걸레를 이용한 찌든 때 제거 등입니다. 남은 일정을 고려했을 때 팀의 목표는 5회를 달성하는 것입니다.

기계수리 및 인테리어 변경   : 현재,　　: 목표

구분	1	2	3	4	5	6	7	8	9	10
기계수리 및 인테리어변경	0~1개	2개	3개	4개	5개	6개	7개	8개	9개	10개

설명 두 번째, 기계수리 및 인테리어 변경입니다. 업종이 제빵점임에도 불구하고 냉장고 고장이 있어 재고보관에 애로사항이 있습니다. 그래서 우선사항으로 냉장고 수리비용을 최대한 절감하면서 수리할 예정입니다. 또한 가게가 '유기농'이라는 이미지와는 적합하지 않은 인테리어와 실내 디자인을 갖추고 있다는 판단하에 세세한 것(포인트벽지, 블랙보드, 페인트칠, 향기)까지 개선할 예정입니다. 목표는 기계수리를 포함하여 7개 정도의 인테리어 변경을 하는 것입니다.

▶ '청소 횟수'와 '기계수리 및 인테리어 변경'을 더한 평균의 결과 값이 최종 scale

캡스톤디자인에서 학생 팀이 현장에서 문제를 파악하고 해결하려면 무엇보다 업체 현장에서 문제를 실제로 부딪치는 현장경험이 필요하다. 이에 온·오프라인 활동일지를 쓰면서 수업을 진행한다. 이에 대한 서식은 [서식 7, 7-1, 7-2]이며 시간에 대한 기준은 새가게운동의 내용을 준용하는데 이에 대한 자세한 것들은 제3장 '3) 새가게운동 실시(p. 32 참조)'에서 자세히 찾아볼 수 있다. 다시 간략히 기술하면 다음과 같다.

▶ 활동일지를 근거로 개인별 활동시간과 팀별 활동시간 산정
  • 팀활동시간 = (개별 봉사시간 + 개별 봉사시간 + ……) ÷ (팀 정원 수)
    강의계획서에 나와 있듯이 팀 활동 시간을 기준으로 문제해결 과정 수행 점수(45점 만점) 부여
    예 1) 희망 팀 팀원이 4명인데, 7.1일 활동내역이 A학생 3시간, B학생 5시간, C학생 1시간 활동을 했다고 하면 7.1일. 팀 활동 시간은 (3시간 + 5시간 + 1시간) ÷ 4 = 2.25시간

예 2) 희망 팀 팀원이 4명인데, 7.5일 활동내역이 A학생 3시간, B학생 5시간 활동을 했다고 하면 7.5일. 팀 활동 시간은 (3시간＋5시간)÷4＝2시간

▶ 활동시간 인정기준

- 오프라인 : 업체 출근(출입)시간~퇴근(퇴장)시간

  예) 만약 대외적 활동(홍보 등)을 하게 되더라도 오후 1시에 업체에 가서 먼저 출근 확인 후 밖에서 대외 활동 후 오후 5시에 다시 업체로 복귀하여 업체에 모여 봉사활동을 마치고 업주확인을 받으면 4시간이 인정된다.

- 온라인 : 1일 최대 4시간 인정

  - 포스팅 건수당 인정시간 : 1건 1시간, 2건 1.5시간, 3건 2시간, 4건 2.5시간, 5건 3시간, 6건 3.5시간, 7건 이상 4시간

  - 동일한 내용을 하루에 여러 번 포스팅 시 1회로 간주

  - 동일한 내용을 팀원이 번갈아가면서 포스팅 시 최초 포스팅한 사람만 인정하며, 나머지는 불인정

[서식 7-2]의 팀 활동시간을 기준으로 부여 점수 안내를 하면 다음과 같다(예시).

1주 2시간×10주	20시간	15점 : 35점 대비 1시간 1.5점씩 감함
1주 3시간×10주	30시간	35점 : 45점 대비 1시간 1점씩 감함
1주 4시간×10주	40시간	45점
1주 5시간×10주	50시간	50점(보너스 5점)
1주 6시간×10주	60시간	55점(보너스 10점) 최대치

＊ 40시간 이상 2시간 간격으로 1점씩 상승하는 식으로 채점. 이는 강의계획서에도 나와 있다.

LINC+ 캡스톤디자인 활동일지

팀명 :   제출일 : 201   .   .

업체명		업체확인 서명

활동장소		

활동사항

- 업체 요청 사항

- 추진내용/결과(자세히 작성요망)

* 공간이 부족할 경우 지면 추가 가능(추가 지면은 2장 이내)

증빙사진 첨부 (온라인 홍보시 홍보화면 캡처, 봉사단 활동 사진 등)	증빙사진 첨부 (온라인 홍보시 홍보화면 캡처, 봉사단 활동 사진 등)

	개인번호	성명	시간	봉사시간	본인서명
출석확인 (개인별 자필기재)	1				
	2				
	3				
	4				

* 성적 산출근거서류이므로 업주서명 및 출석확인란은 자필(개인별)로 정확히 기재

LINC+ 캡스톤디자인 온라인 SNS활동일지

1. 일반정보(팀명 :   )   성명(연락처) :

업체명		대표자(연락처)		(서명)

2. 활동내역(일자별, 개인별 작성)

일자		매체	
제목			
사진 (포스팅 캡처)			

일자		매체	
제목			
사진 (포스팅 캡처)			

[서식 7-2] LINC＋ 캡스톤디자인 활동대장

[팀] 활동대장

업체명 :

구분	일자별 활동시간							개인별
이름	10. 1.	10. 2.	10. 3.	10. 4.	10. 5.	10. 6.	10. 7.	시간수 (누계)
A	3	2	3	6				14
B	5		3	6				14
C	5		3	6				14
D			2	7				9
팀 활동시간 및 누계 시간 수	3.25	0.5	3.5	6.25				13.5

담당교수 확인일	20 . . .
담당교수 날인	

- 팀 활동 시간은 (개별 팀원들 시간 수 합계)/4(팀 정원수)
- 2주 단위로 담당 교수님께 날인 받아 보관하고 있다가 마지막에 결과 보고서 제출 시 한꺼번에 제출

⑤ 결과 보고서 작성

학생들은 [서식 8]을 작성하고 담당교수는 '업체 경영진단 체크리스트'를 학기 말에 다시 작성하여 학생들의 결과 발표 시 참고하면서 수업을 진행한다. 담당교수는 경영진단 체크리스트 결과와 학생들의 결과 발표를 비교하면서 피드백을 줄 수 있다.

1) 결과 보고서 작성방법

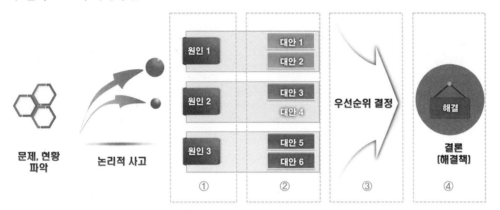

(1) 원인분석 및 파악

- 사전방문(대학생-체크리스트 활용)

  [캡스톤디자인 보고서 2번(시장 환경(문제파악)분석(체크리스트 활용) '문제점 제시' 작성)]

- 분석 툴 활용하여 원인파악(캡스톤디자인 보고서 3번 상권 및 트렌드분석, 4. SWOT 분석)

(2) 대안

- 팀원들 간의 브레인스토밍을 통하 의견 제시

  [캡스톤디자인 보고서 2번(시장 환경(문제파악)분석(체크리스트 활용) '대안 제시' 작성)]

  (캡스톤디자인 보고서 3번 상권 및 트렌드 분석 '사례조사' 작성)

(3) 우선순위 결정

- 여러 대안 중 실제 활동한 내용중심으로 순차적 기술

  [캡스톤디자인 보고서 5번 업체 미비점 및 경영개선(보완) 활동(자세히 작성요망)]

(4) 결론

- 실제 활동하여 해결한 내용 기술

  [캡스톤디자인 보고서 6번 개선 결과, 맺음말 및 제언(提言)사항]

[서식 8] 결과 보고서

결과 보고서는 본문 글 굴림체 10, 20매 이내로 작성바랍니다.

캡스톤디자인 결과 보고서

업체명		팀명	

대표자			
업태/업종			
주소			
팀장		학과	
팀구성원	개인번호	이름	학과
	1		
	2		
	3		
	4		

제출일자   년   월   일

1. 업체 개요

사업개시일		취급제품		
종업원 수		판매방식	온라인	오프라인

2. 시장환경(문제파악) 분석(체크리스트 활용)

구분 (내용변경 가능)	문제점 제시	대안제시
경영 지원		

홍보(마케팅)		
매출 개선(관리)		
환경(시설) 개선		
고객만족도 조사		
기타		

3. 상권 및 입지 분석

상권 분석	
트렌드 분석	
사례조사	

4. SWOT 분석

강점(S) 분석	
약점(W) 분석	
성장성(O) 분석	
위험성(T) 분석	

	강점 분석(Strength)	약점 분석(Weakness)
성장성 분석 (Opportunity)		
위험성 분석 (Threat)		

5. 업체 미비점 및 경영 개선(보완) 활동(자세히 작성요망)

활동 주요내용	[미비점 보완 주요 활동] • • •

6. 개선 결과, 맺음말 및 제언(提言)사항

구분	주요내용
개선 결과	
요약 및 맺음말	
제언사항	[발전방향 제시 및 향후 전망] 본 업체는 소규모 서비스업체로서 다수의 제품을 판매관리하고 있어 핵심적인 콘텐츠가 부족한 상태임. 많은 제품의 온라인 홍보보다는 경쟁력 있고 부가가치가 있는 제품을 선별하여 오프라인 홍보도 필요함. 핵심제품 개발과 온·오프라인 홍보의 전략적 운영을 진행한다면 현재 매출액의 3배정도 가능하리라 판단됨. (내가 사업주라면 ~~~~입장에서 작성요망)

부 록

····································

캡스톤디자인 서식 모음

● 업체 모집용 학생 전단지

주최 부산광역시 주관 BEPA 부산경제진흥원 (사)한국소점포경영지원협회

 새가게운동이란

어려움을 겪고 있는 작은 점포들의 실질적인 경영개선을 위해 소상공인, 대학생, 전문컨설턴트 모두가 하나로 뭉쳐 소점포의 생업현장에서 경영활동을 전개하는 약 100일간의 뜨겁고 아름다운 봉사활동

✓ 경영지원 , 마케팅 지원, 환경개선 지원
✓ 매출 향상을 위한 각종 업무 지원
✓ 기타 일손 지원 등

소상공인 실무경험 + 대학생 아이디어 + 컨설턴트 전문지식

 대학생 혜택

• 부산시장상, 부산경제진흥원장상, BNK금융지주 회장상 등
• 소상공인 지원활동 ➜ 봉사시간 인정
• 생활경제체득, 창업 현장체험 교육 효과
• 캡스톤디자인 학점 취득 가능

2012년부터 현재까지 부산시와 (사)한국소점포경영지원협회에서 성공적으로 수행되고 있는
'새가게운동' 모델 ➜캡스톤디자인 전격 적용

실제 현장에서 부딪히는 문제를 해결하기 위해 대학에서 배운 이론을 바탕으로 창의적인 과제를 학생들이 기획, 설계, 제작하는 선 과정을 체험할 수 있게 하는 과목

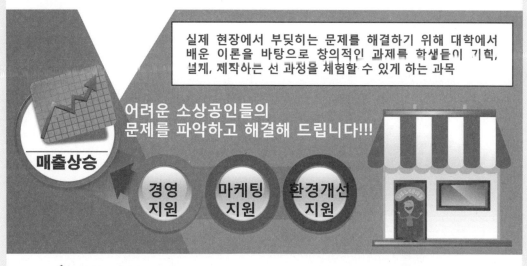

어려운 소상공인들의 문제를 파악하고 해결해 드립니다!!!

매출상승

경영 지원 마케팅 지원 환경개선 지원

(사)한국소점포경영지원협회 문의 : 051-803-6562 http://www.kssma.or.kr

강 의 계 획 서

2017학년도

가을학기

경영학부 미션(mission)

"전문적 지식과 창의적 사고를 바탕으로
실무능력을 발휘하는 글로벌 경영인재 양성"

학수번호	105635-132,133	교과목명	캡스톤디자인	학 점	3	담당교수	이유태
강의시간	화, 목 6~7PM	강의실	C25-711	수강대상		경영학부	
과목구분	( ) 전공공통 (O) 전공필수 ( ) 전공선택	권장 선수과목	현장실습	관련 소프트웨어 등		Excel, Powerpoint	

수업 방식 (100%)	강의	10%	학습목표	( ) 전문적 역량 배양 (O) 실용적 역량 배양 ( ) 글로벌 역량 배양 (O) 창의적 역량 배양
	사례/실습	80%		
	발표	10%		

담당교수 연락처	연구실 : 000호, 전화번호 : 000-000-0000 E-mail : ABC@ 지정 면담시간(Office Hour) : by appts.

＊ 중간고사를 전후하여 학습목표의 달성정도를 평가하기 위해 중간 강의평가를 실시합니다.

1. 강의목표(학습목표)

1~2학년 동안 배운 전공교과목 및 이론 등을 바탕으로, 산업체(또는 사회)가 필요로 하는 과제를 대상으로 학생들이 스스로 기획과 종합적인 문제해결을 통해 창의성과 실무능력, 팀워크, 리더십을 배양하는 것을 목표로 한다.

2. 주요 내용

본 수업은 캡스톤디자인 수업 유형 중에서 '기업연계형' 프로젝트를 다룬다.
- 참여 학생으로 구성된 팀과 지역 소상공인 기업체가 공동 참여
- 기업수요를 반영한 프로젝트, 기업과 연계된 프로젝트 도출, 기업의 애로사항 해결
- 지역 마을기업, 협동조합, 사회적기업 등의 대상을 포함

참고로 다른 두 가지 유형의 프로젝트에는 '사회기여형'과 '4차산업혁신형'이 있다.

▶ **사회기여형**

- 참여 학생으로 구성된 팀과 지역사회(비영리기관 등)가 공동으로 참여
- 지역사회 수요를 반영한 프로젝트, 지역과 연계된 프로젝트 도출, 지역의 애로사항 해결

▶ **4차산업혁신형**

- 참여 학생으로 구성된 팀과 기업체 또는 지역사회가 공동으로 참여
- 4차 산업혁명에 기반을 둔 프로젝트, 4차 산업혁명 관련 프로젝트 도출, 잠재적 문제해결
- 4차 산업혁명 기술 예시 : 무인운송수단, 3D 프린팅, 첨단 로봇공학, 신소재, 블록체인 등

3. 수업방법

학생 4명이 1팀을 구성하며(유학생이 있을 경우에는 1명을 포함하여 5명 1팀) (사)한국소점포 경영지원협회의 '새가게운동' 시행 사례를 참조하면서 수업 진행

4. 평가방법

1) 평가 항목 및 배점

평가 항목	배점(비율)	비고
① 업체 발굴 및 문제파악	15%	서식 1~3
② 계획 수립	15%	서식 5~6 : 내용 연계성이 있도록 작성
③ 문제해결 과정 수행	45%	서식 7, 7-1, 7-2 : 성실도 고려
④ 결과 보고서 및 발표	25%	서식 8
합계	100%	

＊ 서식의 제출 기일을 지키지 못할 경우 1일당 1점씩 감점

③ 문제해결 과정 수행 : [서식 7-2]의 팀 활동시간 기준 점수 안내(예시)

1주 2시간×10주	20시간	15점 : 35점 대비 1시간 1.5점씩 감함
1주 3시간×10주	30시간	35점 : 45점 대비 1시간 1점씩 감함
1주 4시간×10주	40시간	45점
1주 5시간×10주	50시간	50점(보너스 5점)
1주 6시간×10주	60시간	55점(보너스 10점) 최대치

＊ 40시간 이상 2시간 간격으로 1점씩 상승하는 식으로 채점

④ 결과 보고서 및 발표 채점 기준

구분	발표매너	defend	결과 보고서 구성	
			내용의 충실성 및 논리성	내용의 창의성
배점	2	5	10	8
비고		질의/응답		

2) 성적평가와 관련된 유의사항

  -성적 등급의 부여는 기본적으로 학교에서 지침으로 정한 절대평가제로 한다.

5. 교재 및 참고도서

이유태, 캡스톤디자인 Workbook (현장실습형 문제해결), 시그마프레스, 2018.

6. 주별 강의일정

주별	강의내용	교재, 과제 및 기타 참고사항
제1주	캡스톤디자인 수업의 개요 및 진행 과정 설명	1. 교재 제4장 2. [서식 1, 2, 3]를 개강 후 20일째까지 *팀별로 업체가 정해지는 대로 담당 교수님께 업체명, 전화번호 등 기본 정보 최대한 빠르게 제출
제2주	팀별 활동 : 업체 발굴[서식 1] 팀 완성[서식 2] 사전 방문 조사서 작성[서식 3]	
제3, 4, 5주	팀별 활동 : 알마인드맵, OPPM, 상권분석, 유동인구조사 등을 활용하여 [서식 5] & [서식 6] 작성	지도교수 : [서식 4]를 개강 월 20일째까지 완성, 학생들의 [서식 1~3]을 참조하면서 각 팀별로 개강 후 30일째까지 피드백
		개강 후 40일째까지 [서식 5] & [서식 6] 제출
제5, 6, 7주	팀별 활동 : [서식 7]활동일지 작성하면서 캡스톤디자인 프로세스 진행	개강 후 둘째 달부터 2주 단위로 [서식 7, 7-1]활동일지 제출 및 [서식 7-2]활동대장 날인 확인 받음
제8주	팀별 활동 : [서식 7]활동일지 작성하면서 캡스톤디자인 프로세스 진행	(학교 전체 중간고사 기간)
제9~14주	팀별 활동 : [서식 7]활동일지 작성하면서 캡스톤디자인 프로세스 진행	1, 2주 단위로 [서식 7, 7-1]활동일지 제출 및 [서식 7-2]활동대장 날인 확인 받음 2. [서식 5] & [서식 6]에 변동 사항이 있는 경우 2차 수정 제출 기한은 개강 후 70일째 까지 제출
제15주	결과 보고서 발표/피드백	지도교수 : [서식 4]를 학기 말 14주차 째까지 완성, 학생들의 발표 시 피드백 제공 학생 : [서식 7-2]모음과 [서식 8] 제출

* 수업에 필요한 공지사항이나 과제물 제출, 자료, 질문 등은 학교 포털을 통하여 이루어진다.

캡스톤디자인 Flow Chart

| 1주 | ✓ 캡스톤디자인 OT
✓ 팀구성 |

| 2주 | ✓ 업체발굴, 사전방문
✓ [서식] 1, 2, 3
　　개강 월 20일째 제출 |

| 3, 4, 5주 | ✓ 상권분석, 팀구성
✓ 유동인구조사 등
✓ [서식] 5, 6
　　개강 월 40일째 제출 |

| 5, 6, 7주 | ✓ 팀별활동
✓ [서식] 7, 7-1, 7-2
✓ 2주 단위 제출/확인 |

| 8주 | ✓ 팀별활동
✓ [서식] 7, 7-1, 7-2
✓ 통간교사 기간 |

| 9~14주 | ✓ 팀별활동
✓ [서식] 7, 7-1, 7-2
✓ [서식] 5, 6 수정 시
　　개강 월 70일째 제출 |

| 15주 | ✓ 결과 보고서/발표
✓ 피드백
✓ [서식] 7-2 모음, 8 |

[서식 1]
업체 참여신청서
[서식 2]
학생팀 지원신청서
[서식 3]
학생 팀 사전 방문 조사서
[서식 4]
지도교수 방문 조사서

[서식 5]
수행계획서
[서식 6]
MBO 성과 측정표

[서식 7] 활동일지
[서식 7-1]
온라인 SNS활동일지
[서식 7-2] 활동대장

[서식 4]
지도교수 방문 조사서
[서식 8] 결과 보고서

● 참고자료

[참고자료 1] 프로젝트별 아이디어 맵

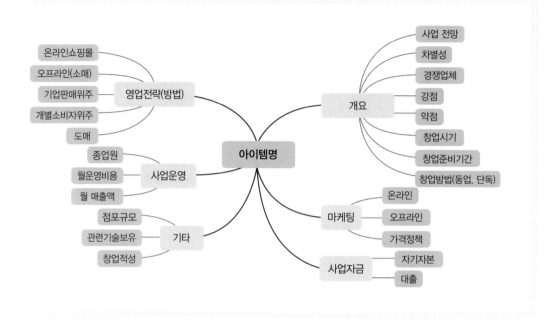

- 상기 내용을 참고하여 팀별 아이디어 맵 작성(알마인드 등 프리웨어 프로그램을 다운로드하여 작성)
- 상기 기본 항목을 참고하여 작성하되 팀별 프로젝트 특성에 맞게 변경 사용

[참고자료 2] 팀구성 및 역할분담

- OPPM(One Page Project Manager)활용
- 목표설정 및 업체 요구분석을 통한 팀원들의 역할분담

〈예시 1〉

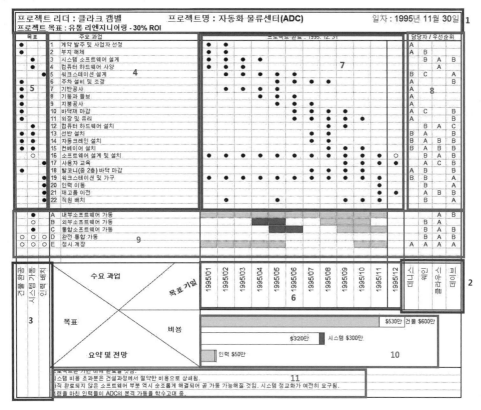

프로젝트 리더 : 클라크 캠벨 **프로젝트명 : 자동화 물류센터(ADC)** 일자 : 1995년 11월 30일 1
프로젝트 목표 : 유통 리엔지니어링 - 30% ROI

목표		주요 과업		담당자 / 우선순위		
●	1	계약 발주 및 사업자 선정		A		
●	2	부지 해체		A	B	
●	3	시스템 소프트웨어 설계		B	A	B
●	4	컴퓨터 하드웨어 사양		A		
●	5	워크스테이션 설계		B	C	A
	6	주차 설비 및 조경		A		B
●	7	기반공사		A		
●	8	기둥과 들보		A		
●	9	지붕공사		A		
●	10	바닥재 마감		A	C	B
●	11	외장 및 유리		A		B
●	12	컴퓨터 하드웨어 설치		B	A	C
●	13	선반 설치		B	A	
●	14	자동크레인 설치		B	A	B
●	15	컨베이어 설치		B	A	B
○	16	소프트웨어 설계 및 설치		B	A	B
	17	사용자 교육		A	C	B
●	18	발코니(중 2층) 바닥 마감		A	B	
●	19	워크스테이션 및 가구		B	B	A
●	20	인력 이동		B		
●	21	재고품 이전		A	B	B
●	22	직원 배치		B		A

	A	내부소프트웨어 가동		A	B	
○	B	외부소프트웨어 가동		B	A	
●	C	통합소프트웨어 가동		B	A	B
○ ○	D	완전 통합 가동		B		
○ ○ ○	E	정시 개장	9	A	A	A	A

| | | | 수요 과업 | | 목표 기일 | 1995/01 | 1995/02 | 1995/03 | 1995/04 | 1995/05 | 1995/06 | 1995/07 | 1995/08 | 1995/09 | 1995/10 | 1995/11 | 1995/12 | | | |

3

목표

비용 — $530만 건물 $600만

$320만 시스템 $300만

인력 $50만 10

11

〈예시 2〉

			프로젝트 리더 :	고정민_박카스팀			보고일	
			프로젝트명 :	달카페_소상공인 119 경영지원단				
			프로젝트목표 :	온라인 마케팅을 통한 매출향상				

세부목표				주요 과업	일정	담당자지원자		
○			1	업체와 사전미팅		A	B	
○			2	활동 전략 수립			A	B
○			3	온라인 커뮤니티 조사		A	B	
○			4	타겟 시장 분석 및 조사		B	A	
○			5	커뮤니티와 접촉 및 연락 (인터뷰)			A	B
	○		6	설문조사 제작 및 배포		B	B	A
	○		7	설문조사 결과 분석		B	A	B
	○		8	마케팅 전략 수립		B	A	B
	○		9	페이스북 페이지 개설				A
	○		10	블로그 개설(네이버, 다음)				A
	○		11	인스타그램 개설				A
	○		12	각종 SNS 채널을 통한 마케팅		B	B	B
	○		13	온라인 이벤트 아이디어 회의		B	A	B
	○		14	온라인 이벤트 진행		B	A	B
	○		15	온라인 이벤트 추첨 및 마무리		B	A	
		○	16	활동 자료 문서화		A		
		○	17	자료 점검 및 분석 향후 방향제시		A		

리스크 및 질적 성과	녹색=적절함	노란색=우려됨	빨간색=위태로움
1 업체와의 지속적인 교류를 통한 관계 개선			
2 예외 사항에 대한 대응			
3 SNS 마케팅의 실효성 우려			
4 접근성 및 지리적 한계 극복			

# 프로젝트에 할당된 내부 인원														
	세부목표	주요 과업 및 리스크	보고일자	10-13	10-14	10-20	10-26	11-5	11-8	11-13	11-17	11-23	11-30	고정인 박소현 최보예
		요약및 전망	원가	이벤트 진행비 문서 인쇄비 교통비 식비 자료수집비									

183

[참고자료 3] 상권 분석

상권 분석

상권소재지 :

구분	평가 항목	분석 (평가)			비고
		O	△	×	
지형적 지리적 조건	입지조망권				
	지형지세				
	상권분할 유무(자연 지형, 구조물, 도로)				
도로 교통망	역세권과의 접근성				
	대중교통수단과의 연계성				
	도로망과 도로폭				
	건널목, 지하도, 육교 등 유무				
	주변 주차여건				
상권내 소비자	타깃 연령층 수요				
	성별 구성비				
상권내 소비자	유동인구 (주야, 평일, 휴일)				
	소득수준과 소비성향				
	상권내 수요 (세대, 인구)				
편의 및 부적합시설	공공관련시설				
	관련편의시설				
	위해환경시설여부				
계					
종합의견	상권 특성 :	상권 평가 :			
		가	미결		부

점포소재지 :   희망업종 :

구분	평가 항목	분석(평가)			비고
		O	△	X	
점포 가치분석	주변시세대비 임대가와 권리금				
	점포의 규모 및 전용면적율				
	점포모양새와 점두길이				
	건물의 건축연대				
	엘리베이터 등 편의시설				
	출입구 동선 및 크기				
	천정고				
	냉난방 유무				
	건물규모와 업종배치				
경쟁력 분석	경쟁점 수준과 규모				
	경쟁점과의 입지 및 거리				
	동일업종 경쟁점포 유무				
	유사업종 유무				
기타사항	주차장 유무				
	화장실 등				
종합의견	점포입지특성 :	입지평가 :			
		가	미결		부

상권지도

185

[참고자료 4] 유동인구 조사

유동인구 조사

구분		선정 점포 앞 통행인 수										
		20대 미만		30대 미만		40대 미만		50대 이상		합계		
		남	여	남	여	남	여	남	여	남	여	계
오전	08:00~09:00											
	09:00~10:00											
	10:00~11:00											
	11:00~12:00											
	소계											
오후	12:00~13:00											
	13:00~14:00											
	16:00~17:00											
	17:00~18:00											
	18:00~20:00											
	20:00~22:00											
	소계											
합계												

[서식 1] LINC+ 캡스톤디자인 업체 참여 신청서

대학교　　　　팀명 :　　　　　신청일 :

경영현황	대표자 성명	(서명 또는 인)		홈페이지(블로그)		
	업체명			업태/종목		
	사업개시일			연락처(사무실)		
	사업장주소			핸드폰		
				이메일		
	종업원		정규직(　　명), 비정규직(　　명)			
	소유구분	자가	만 원	사업장면적		(평)
		전세 보증금	만 원	월관리비		만 원
		전세 월 세	만 원			
총 투자금액				월평균 매출액		만 원
회사소개						

지원 희망 사항에 체크✔ 바랍니다.	구분	내용	요청
	경영지원	경영분석, 경영개선 아이디어 도출, 고객 만족도 조사, 매뉴개발, 시장조사 등	
	마케팅	온·오프라인 마케팅	
	시설/환경미화	정리정돈, 내부 환경미화, 대청소, 기타 일손지원 등	

주의사항	※ 단 ①~⑤항에 해당하는 업무는 수행 불가 ① 운송수단(이륜자동차, 자동차 등)을 이용한 배달 업무 ② 기술과 숙련을 요하는 기계조작 업무 ③ 무리한 육체적 업무 ④ 안전상 위해요소가 있는 업무 ⑤ 기타 대학생에게 적합하지 않다고 판단되는 업무 ※ 대학생 경영지원봉사단은 인턴이나 아르바이트생이 아님

[서식 2] LINC+ 캡스톤디자인 학생 팀 지원 신청서

팀명							
과목명					팀 특성	☐ 기본형,	☐ 융합형
프로젝트분야§			☐ 기업연계형,	☐ 사회기여형,	☐ 4차산업혁신형		
지도교수※	직급				성명		
관련 기업 및 지역사회							
프로젝트 팀 구성							
구분	학부(과)	학년	학번	성명	담당업무	휴대폰	E-Mail
팀장				(서명/인)			
팀원				(서명/인)			
팀원				(서명/인)			
팀원				(서명/인)			
팀원				(서명/인)			
팀원				(서명/인)			
팀원				(서명/인)			
팀원				(서명/인)			
팀원				(서명/인)			
총 인원		명					
활동 개요	– – –						

본인은 위와 같이 LINC+사업단의 캡스톤디자인 지원 사업에

참가하기 위하여 지원 신청서를 제출하며, 동 사업의 제반사항 준수 및

활동을 성실히 수행할 것을 서약합니다.

년   월   일

[서식 2-1] LINC+ 캡스톤디자인 지원 신청서(유학생용)

유학생 프로필					
성명		출생년도		년도(만 세)	
국적		TOPIK급수			
연락처		E-Mail			
한국거주년수		한국거주지			
학력 (대학이상 기재)	학교	전공과목		학위	졸업년도
자격	자격증명	자격증번호		취득년월일	발급기관
자기소개 (주요경력 등 기재)					

＊ 1페이지 이내 작성 요망

[서식 3] LINC+ 캡스톤디자인 학생 팀 사전 방문 조사서

항목	체크리스트	Y	N
자료조사 및 수요조사	• 상품기본정보에 대한 설명 또는 자료가 있는가? 　- 기능 및 성능, 상품용도, 콘셉트		
	• 경쟁회사의 특징, 제품 등에 대한 자료조사는 되어 있는가?		
	• 제품의 유통구조와 특징에 대하여 설명 되었는가?		
	• 제품에 대한 장단점 분석 자료에 대한 설명		
타깃층 분석	• 키워드 분석 자료는 있는가? 　- 연령별, 성별, 지역별 검색어, 연관검색어, 해시태그		
	• 오픈마켓 분석자료는 있는가? 　- 키워드, 상품광고 매뉴얼, 절차 등		
	• 온라인 커뮤니티 조사 자료는 있는가? 　- 카페, 블로그, 페이스북, 인스타		
	• 마케팅 기획서는 작성되어 있는가? 　- 마케팅 트랜드(정치, 경제, 사회, 기술 동향)		
	• 기존고객에 대한 분석 자료는 작성되어 있는가? 　- 연령 및 지역통계, 네트워크분석, SNS사용빈도 등		
홍보 및 판매 채널 운영현황	• 운영되고 있는 홍보채널이 있는가? 　- 블로그, 페이스북, 인스타그램, 유튜브 등		
	• 운영되고 있는 판매채널은 있는가? 　- 오픈마켓, 스토어팜		
	• 홍보채널의 운영 방향은 어떻게 설정되어 있는가? 　- 유료광고, 무료광고		
홍보 채널 구축	• 제품소개를 어떻게 하고 있는지?(미팅한 의견을 적어주세요!) 　- (회사소개서, 제안서, 홈페이지, 기타 채널 활용)		
	• 행사기획, 이벤트기획에 대한 진행 여부?(미팅한 의견을 적어주세요!) 　- (플리마켓, 현장마케팅, 박람회 등)		
	• 고객관리 및 거래처 관리는 어떻게 운영되고 있는가? (미팅한 의견을 적어주세요!) 　- (전산관리, 정기적 웹진발송, 이메일 관리, 방문관리 등)		

항목	체크리스트	Y	N
마케팅 매뉴얼 (위기 관리 대응)	• 키워드 전략 운영 매뉴얼은 단계적으로 구성되어 있는가?		
	• 타깃 고객층 전략은 구성은 되어 있는가?		
	• 오픈마켓 운영 매뉴얼은 구성되어 있는가?		
	• 마케팅 일정 등 단계별 진행사항은 이루어지고 있는가?		
기타	• 경영개선에 대한 의견은? (미팅한 의견을 적어주세요!)		
	• 환경개선에 대한 의견은? (미팅한 의견을 적어주세요!)		
	• 기타 다른 의견은 있는지? (미팅한 의견을 적어주세요!)		
구분	전반적 의견		

201 . . .

작성자 :　　　　팀　　　　성명

[서식 4] LINC+ 캡스톤디자인 지도교수 방문 조사서

업체 경영진단 체크리스트

작성자 : 업체 대표/지도교수님　　　　　　　　　　　작성시기 : 사전/사후 조사 2회 실시

진단항목	체 크 사 항	아주좋음 5	좋음 4	보통 3	나쁨 2	아주나쁨 1	결과
1. 상품 · 서비스 품질	1. 아이템선정 [평균점수 :　　] － 사전 조사만 실시(사후 조사 해당 없음)						
	① 사업발전 단계상 성장기 업종을 선택하고 있는가?						
	② 경쟁업종 아이템에 대한 분석은 실시하고 있는가?						
	③ 아이템 선정 시 본인의 적성 및 능력을 충분히 고려하고 있는가?						
	④ 업종에 대한 충분한 이해와 정보를 통해 아이템(상품, 서비스 등)을 선정하고 있는가?						
	⑤ 창업 전 업종에 대한 관련 경험을 쌓기 위해 현장에서 실무경험을 6개월 이상 쌓았는가?						
	⑥ 업종 선택 시 유행이나 반짝이는 아이템보다 안정적이고 수요가 지속적으로 창출되는가에 초점을 두었는가?						
	2. 메뉴, 상품선정 및 개발 [평균점수 :　　]						
	① 고객의 기호 및 트랜드를 수시로 점검하고 있는가?						
	② 판매 상품의 종류를 다양하게 준비하고 있는가?						
	③ 주변 경쟁업체 대비 차별화된 부가 서비스를 제공하고 있는가?						
	④ 고객이 특별히 애용하는 전략상품을 보유하고 있는가?						
	⑤ 지속적으로 신상품을 출시하고 있는가?						
	⑥ 신상품 출시 및 메뉴 개발 시 단골고객의 피드백을 받고 있는가?						
	3. 경험 및 자기개발 [평균점수 :　　]						
	① 기술습득을 위해 관련 업종 세미나 참석 및 업계동향을 잘 파악하고 있는가?						
	② 변화하는 트렌트(맛, 기술, 소비자 기호 등)에 맞추기 위해 스스로 자기투자를 꾸준히 하고 있는가?						
	③ 경험이나 자문 등을 통해 문제해결을 할 수 있는 인적 네트워크(멘토, 지인 등)는 있는가?						
	④ 개선사항, 순간 아이디어 등을 기록하는 수첩 등이 있는가?						
	⑤ 회계, 법령, 경영관련 정부 및 지자체의 자문단체의 연락처는 비치되어 있는가?						

	4. 품질관리 [평균점수 :]						
	① 제공하는 상품 및 서비스는 항상 최상의 상태에서 고객에게 제공되고 있는가?						
	② 상품 진열 시 불량품 검사를 실시하고 있는가?						
	③ 취급하는 제품에 대한 특성을 잘 파악하고 있어 고객의 불만사항을 사전에 방지하고 있는가?						
	④ 고객으로부터 상품과 관련하여 접수된 불만사항은 개선되고 있는가?						
	⑤ 상품의 사용 오류를 최소화하는 사용설명서가 제품 안에 들어 있는지 확인하는가?						
	5. 유통기한 준수 [평균점수 :]						
	① 유통기간이 지난 상품은 폐기처리하고 있는가?						
	② 상품에 표기된 유통기한을 준수하여 판매하고 있는가?						
	③ 반품하는 상품과 판매하는 상품을 구분하여 관리하고 있는가?						
	④ 유통기간이 임박한 상품은 할인판매 등으로 처리하고 있는가?						
	⑤ 제품에 따라서 제품 년월일, 유통기한은 표시하고 있는가?						
1. 상품·서비스 품질	**6. 구매관리 [평균점수 :]**						
	① 공급업자는 상품공급에 대한 납기일을 잘 준수하고 있는가?						
	② 주문 상품과의 불일치를 예방하기 위해 상호 처리조건은 명확히 하고 있는가?						
	③ 공급업체에게 주문한 재료는 수량 및 품질과 동일하게 배달되고 있는가?						
	④ 상품 수급 시 약정된 품질의 수준으로 공급받도록 주문내역은 문서화하고 있는가?						
	⑤ 수시로 원재료 구입을 위한 시장조사는 하고 있는가?						
	⑥ 원활한 공급 확보를 위해 공급업자 후보는 2~3군데 이상 확보해 놓고 있는가?						
	7. 재고관리 [평균점수 :]						
	① 상시 판매가 가능하도록 재고는 확보되어 있는가?						
	② 재고 상태를 파악하기 위해 주기적으로 재고관리를 하고 있는가?						
	③ 재고관리 현황표를 작성하여 제품의 사용현황 파악을 하고 있는가?						
	④ 주문일지 작성을 통해 제품의 필요수량을 파악하고 있는가?						
	⑤ 배달된 원자재가 주문한 상품과 동일한 품목이고 수량이 맞는지 확인하고 있는가?						

진단항목	체 크 사 항						
1. 상품·서비스 품질	8. 배송관리 [평균점수 :]						
	① 고객으로부터 접수된 주문을 적기에 배송 가능한 업체를 선정하고 있는가?						
	② 배송업체는 상품의 파손 및 훼손이 없도록 안전한 포장과 관리에 유의한 업체인가?						
	③ 배송업체는 고객으로부터 반품 요청 시 신속하게 처리하고 있는가?						
	④ 배송상황을 잘 관리하고 있는 배송업체를 선정하고 있는가?						
	⑤ 고객이 주문한 상품에 대해 주문 및 배송상황이 모니터링되고 있는가?						
평 균							

진단항목	체 크 사 항	아주좋음	좋음	보통	나쁨	아주나쁨	결과
		5	4	3	2	1	
2. 고객관리	1. 고객서비스 [평균점수 :]						
	① 전 직원은 고객에게 친절한 서비스를 제공하고 있는가?						
	② 고객접객의 문제점을 종업원과 공유하는가?						
	③ 고객은 이탈하지 않고 단골고객으로 자리매김하고 있는가?						
	④ 현장에서 고객 유형에 따른 대응은 적절한가?						
	⑤ 종업원은 고객이 고압적인 태도를 보일 경우 부드럽게 응대하는가?						
	⑥ 고객에게 주문받는 타이밍은 적절한가?						
	⑦ 고객 불평에 대해 즉시 대응하고 있는가?						
	⑧ 고객서비스 만족 향상을 위해 고객의 피드백(대면조사)을 받고 있는가?						
	⑨ 고객의 피드백 및 평가 후 이를 상품 및 서비스 향상에 반영하고 있는가?						
	2. 우수고객 관리 [평균점수 :]						
	① 고객관리를 위해 주요고객 할인제를 실시하고 있는가?						
	② 단골고객 관리를 위한 고객카드(고객DB)를 작성하고 있는가?						
	③ 우수고객에 대한 멤버십관리가 이루어지고 있는가?						
	④ 고객확보를 위한 쿠폰제는 실시하고 있는가?						
	⑤ 고객의 사후관리를 위해 고객의 특성을 잘 파악하여 기록하고 있는가?						
	⑥ 서비스 종료 후에도 고객에게 좋은 정보 제공으로 고객관리를 지속적으로 하고 있는가?						
평 균							

진단항목	체 크 사 항	아주좋음	좋음	보통	나쁨	아주나쁨	결과
		5	4	3	2	1	
3. 종업원 관리	1. 종업원 교육 및 전문성 [평균점수 :]						
	① 종업원은 업무지식과 기술을 연마하기 위해 지속적으로 노력하고 있는가?						
	② 고객을 대하는 방법, 상품지식에 대한 내용 등에 대한 교육은 이루어지고 있는가?						
	③ 점포운영 매뉴얼이 작성되어 종업원에게 배포하고 있는가?						
	④ 종업원 청결에 관한 지침서는 마련되어 있는가?						
	⑤ 취급상품에 대해 종업원은 상세히 잘 알고 있는가?						
	⑥ 종업원 이직 시 업무인수인계는 철저히 하도록 하는가?						
	⑦ 고객이 전화 주문 시 종업원은 친절하게 응대하고 있는가?						
	⑧ 전화 주문에 대한 응대요령을 종업원에게 교육하는가?						
	2. 종업원의 채용 및 만족도 [평균점수 :]						
	① 점포의 유형에 맞는 연령대의 종업원이 고용되어 있는가? (예 : 패스트푸드점 - 20대 발랄한 종업원)						
	② 중국 및 조선족 등을 채용 시 언어소통이 안 되거나 불친절함 없이 고객을 친절하게 대하고 있는가?						
	③ 외국인 채용 시 적법한 형태로 고용하고 있는가?						
	④ 종업원은 업무에 만족하고 있는가?						
	⑤ 조직원 간의 친밀도 및 조직 내 부위기는 좋은가?						
	⑥ 종업원 이직이 자주 발생하지 않고 안정적으로 근무하는 편인가?						
평 균							

진단항목	체 크 사 항	아주좋음	좋음	보통	나쁨	아주나쁨	결과
		5	4	3	2	1	
4. 시설 및 인테리어	1.상품진열 [평균점수 :]						
	① 점포의 최적공간을 주력상품으로 진열하고 있는가?						
	② 상품진열은 고객의 수요를 분석하여 다양한 물건으로 진열되어 있는가?						

진단항목	체 크 사 항						
4. 시설 및 인테리어	③ 잘 팔리는 상품은 고객의 눈에 잘 띄게 진열되어 있는가?						
	④ 상품진열이 쇼핑에 용이하도록 되어 있는가?						
	⑤ 쇼윈도는 상품 정보를 정확하게 표현하고 있는가?						
	⑥ 진열대의 상품들은 먼지가 없으며, 깨끗한가?						
	⑦ 계절상품 진열 시 조명과 함께 음악이나 사진, 미술품 등의 소품들도 계절이나 유행에 맞게 교체하고 있는가?						
	2. 개점, 폐점관리 [평균점수 :]						
	① 점포 오픈, 폐점 시간은 매일 일정한가?						
	② 영업시간 이전에 점포 오픈 준비는 완료되어 있는가?						
평 균							

진단항목	체 크 사 항	아주 좋음	좋음	보통	나쁨	아주 나쁨	결과
		5	4	3	2	1	
5. 홍보, 판로 문제 판로문제	1. 홍보, 판촉 [평균점수 :]						
	① 고객의 구매 욕구를 자극할 판촉 전략을 수립하는가?						
	② 고객에게 무엇을 판매하는지를 집중적으로 알리고 있는가?						
	③ 고객확보를 위한 전단지 배포 효과가 충분할 정도로 전단지 내용에 충실을 기하였는가?						
	④ 주거지역이 아닌 타 지역에 입점하여 지역 거주민들과 잘 어울리고 있는가?						
	⑤ 점포 홍보를 위해 지역사회 모임에 적극적으로 참여하고 있는가?						
	⑥ 고객의 만족도 체크는 수시로 하고 있는가?						
	⑦ 고객서비스 제공 후 사후관리는 잘하고 있는가						
	2. 판로 확보 [평균점수 :]						
	① 판로 확보를 위해 SNS, 블로그 등을 통해 상품의 인지도를 높이고 있는가?						
	② 유사 업종끼리 협력체제를 구축하여 비용절감 및 생산성을 높이고 있는가?						
	③ 상품판매를 위한 다양한 판로가 확보되어 있는가?						

진단항목	체 크 사 항					
5. 홍보, 판로 문제 판로문제	④ 판로 확보를 위해 지역전시회, 박람회 참가, 정부지원 판로개척행사 참여 등을 통한 제품 홍보는 꾸준히 하고 있는가?					
	⑤ 공동판매 등 동종 협의체가 구성되어 있는가?					
평 균						

진단항목	체 크 사 항	아주좋음 5	좋음 4	보통 3	나쁨 2	아주나쁨 1	결과
6. 매출관리	1. 판매계획 [평균점수 :]						
	① (일일, 주간, 월간) 판매목표 계획을 세우고 있는가?						
	② 판매계획 수립 시 매출계획 및 주요 판매처를 예측하고 있는가?						
	③ 점포에서 판매되고 있는 상품별 매출동향을 파악하고 있는가?						
	④ 일일 매출 변화추이를 꾸준히 관찰하고 있는가?						
	⑤ 일일 매출의 중대변화 발생 시 구체적인 대응방안을 모색하고 있는가?						
	2. 판매 가격 [평균점수 :]						
	① 상품의 원가를 분석하여 판매가격을 결정하고 있는가?						
	② 타 점포의 저가 전략에 대응하여 차별화된 가격전략을 수립하고 있는가?						
	③ 판매가격대는 저가에서 고가까지 다양하게 구성되어 있는가?						
	④ 판매가격은 원재료비, 인건비 등 각종 경비를 고려하여 책정하고 있는가?						
	⑤ 인건비 절감으로 가격인하를 유도하고 있는가?						
	3. 매출 기록 [평균점수 :]						
	① 매출목표와 매출실적을 주기적으로 기록하고 있는가?						
	② 입금 및 출금 내역을 정확히 기록하여 수시로 손익 파악을 하고 있는가?						
	③ 점포의 수익성 분석을 매월하고 있는가?						
	④ 현금입출금 내역은 맞는지 매일 확인하고 있는가?						
	⑤ 매출관리를 위해 POS 시스템을 도입하여 사용하고 있는가?						
	⑥ POS 시스템으로 매출분석은 실시하고 있는가?						
	⑦ POS 시스템으로 잘 팔리는 상품, 메뉴를 파악하고 있는가?						
평 균							

업체 경영진단 현황표

진단항목	평균 점수	체크사항	항목별 평균	진단의견
1. 상품/서비스 품질		① 아이템 선정		
		② 메뉴, 상품선정 및 개발		
		③ 경험 및 자기개발		
		④ 품질관리		
		⑤ 유통기한 준수		
		⑥ 구매관리		
		⑦ 재고관리		
		⑧ 배송관리		
2. 고객관리		① 고객서비스		
		② 우수고객 관리		
3. 종업원관리		① 종업원 교육 및 전문성		
		② 종업원의 만족도		
4. 시설 및 인테리어		① 상품진열		
		② 개점, 폐점관리		
5. 홍보, 판로문제		① 홍보, 판촉		
		② 판로 확보		
6. 매출관리		① 판매계획		
		② 판매 가격		
		③ 매출 기록		
평 균				

종합의견

제출일 : 201 .   .   .

업체명			팀명	
대표자 성명		(서명)	팀장	(서명)
대표자 연락처	(H.P)		팀장 연락처	(H.P)
팀원명단				

세부 내용	주별회차	일정	회차별 수행내용
	1		
	2		
	3		
	4		
	5		
	6		
	7		
	8		
	9		
	10		

1. 캡스톤디자인 전체기간에 대한 계획 기재; 개강 후 5주차 늦어도 6주차부터 활동을 시작할 수 있게 계획을 짜야 하며 10여 회차 활동 가능
2. [서식 6] LINC+ 캡스톤디자인MBO 성과측정표와 연결되게 수행계획서 작성

목표관리법(MBO : Management by Objective)에 의한 성과측정

제출일 : 201 . .

업체명			팀명		
대표자 성명		(서명)	팀장		(서명)
대표자 연락처	(H.P)		팀장 연락처	(H.P)	
팀원명단					
지표[1]	성과평가 기준[2]	현재 현황 (1-10 scale)[3]	목표수립 (1-10 scale)[3]		업주 확인[a] (자필서명)
매출향상					
마케팅활동					
시설 및 환경 개선					

1. 필요 시 품질향상, 고객증대 등의 세부 항목을 마케팅활동에 포함시켜 할 수 있음
2. 성과평가 기준에 대한 설명 첨부
3. 지표 성과를 1-10 스케일로 지수화
a. 현재 현황과 목표수립에 대한 업체 확인을 스캔하여 제출
   * 이후 변동이 있을 경우 한 번 더 수정할 수 있다.
     이와 같은 경우 변경된 MBO 기준에 맞게 [서식 5]을 다시 맞게 수정하여 같이 제출한다.
     만약 임의로 변동하여 제출한 [서식 6]과 결과물이 맞지 않을 경우 감점 처리 대상이 된다.
   ** 지표는 3개 중에서 하나만 선택해도 됨

LINC+ 캡스톤디자인 활동일지

팀명 :   일자 : 201 .   .   .

업체명	업체확인 서명

활동장소	

활동사항

• 업체 요청 사항

• 추진내용/결과(자세히 작성요망)

* 공간이 부족할 경우 지면 추가 가능(추가 지면은 2장 이내)

증빙사진 첨부 (온라인 홍보시 홍보화면 캡처, 봉사란 활농 사신 능)	증빙사진 첨부 (온라인 홍보시 홍보화면 캡처, 봉사란 활농 사신 능)

출석확인 (개인별 자필기재)	개인번호	성명	시간	봉사시간	본인서명
	1				
	2				
	3				
	4				

* 성적 산출근거서류이므로 업주서명 및 출석확인란은 자필(개인별)로 정확히 기재

[서식 7-1] LINC+ 캡스톤디자인 온라인 SNS활동일지

LINC+ 캡스톤디자인 온라인 SNS활동일지

1. 일반정보(팀명 :   )   성명(연락처) :

업체명		대표자(연락처)	(서명)

2. 활동내역(일자별, 개인별 작성)

일자		매체	
제목			
사진 (포스팅 캡처)			
일자		매체	
제목			
사진 (포스팅 캡처)			

[서식 7-2] LINC+ 캡스톤디자인 활동대장

[팀] 활동대장

업체명 :

구분	일자별 활동시간							개인별
이름								시간수 (누계)
팀 활동시간 및 누계 시간 수								

담당교수 확인일	20 . . .
담당교수 날인	

- 팀 활동 시간은 (개별 팀원들 시간 수 합계)/4(팀 정원수)
- 2주 단위로 담당 교수님께 날인 받아 보관하고 있다가 마지막에 결과 보고서 제출 시 한꺼번에 제출

[서식 8] 결과 보고서

결과 보고서는 본문 글 굴림체 10, 20매 이내로 작성바랍니다.

캡스톤디자인 결과 보고서

업체명		팀명	
대표자			
업태/업종			
주소			
팀장		학과	

팀구성원	개인번호	이름	학과
	1		
	2		
	3		
	4		

제출일자 :　　　　년　　　월　　　일

1. 업체 개요

사업개시일		취급제품		
			온라인	오프라인
종업원 수		판매방식		

2. 시장 환경(문제파악)분석(체크리스트 활용)

구분 (내용변경가능)	문제점 제시	대안제시
경영 지원		

홍보(마케팅)		
매출 개선(관리)		
환경(시설) 개선		
고객만족도 조사		
기타		

3. 상권 및 입지 분석

상권 분석	
트렌드 분석	
사례조사	

4. SWOT 분석

강점(S) 분석	
약점(W) 분석	
성장성(O) 분석	
위험성(T) 분석	

	강점 분석(Strength)	약점 분석(Weakness)
성장성 분석 (Opportunity)		
위험성 분석 (Threat)		

5. 업체 미비점 및 경영 개선(보완) 활동(자세히 작성요망)

활동 주요내용	[미비점 보완 주요 활동] • • •

6. 개선 결과, 맺음말 및 제언(提言)사항

구분	주요내용
개선 결과	
요약 및 맺음말	
제언사항	[발전방향 제시 및 향후 전망]